孙克勤 ◎ 主编

中国现代流通硬币标准目录

（第三版）

上海科学技术出版社

图书在版编目(CIP)数据

中国现代流通硬币标准目录/孙克勤主编. —3版. —上海：上海科学技术出版社，2020.1

ISBN 978-7-5478-4637-7

Ⅰ.①中… Ⅱ.①孙… Ⅲ.①金属货币-目录-中国-现代 Ⅳ.①F822-63

中国版本图书馆CIP数据核字（2019）第224469号

中国现代流通硬币标准目录（第三版）
孙克勤 主编

上海世纪出版（集团）有限公司
上 海 科 学 技 术 出 版 社 出版、发行
（上海钦州南路 71 号 邮政编码 200235 www.sstp.cn）
上海中华商务联合印刷有限公司印刷
开本 890×1240 开本 1/32 印张 8 插页 4
字数：250 千字
2012 年 10 月第 1 版
2020 年 1 月第 3 版 2020 年 1 月第 5 次印刷
ISBN 978-7-5478-4637-7/G·916
定价：78.00 元

第三版说明

2012年10月本书出版第一版，2015年出版第二版，这次是第三版，第五次印刷，深受读者欢迎，已经成为中国流通硬币的收藏工具书，并成为美国著名钱币评级公司PCGS的评级参考，PCGS的币盒标签上使用了本书的编号。为了让全世界的泉友都能读懂本书，从第二版开始采用主要标题和版式中英文对照方式。

最近两年，现代流通硬币的研究又取得了丰硕的成果，有些是重大发现，本书继续站在学术领域的前沿，及时补充这些成果，让广大泉友分享。

现代钱币还在不断发行新的品种，本书今后再版将及时收录，确保完整，与时俱进。

第三版完全按照目录工具书的格式书写，省去了钱币品种与版别发现来龙去脉的描述，注重版别的区别描述，侧重于知识。而此前编写和出版另外一本书《现代钱币收藏与投资》（修订版），讲述现代钱币收藏的市场万象、收藏理念、钱币背后的故事，侧重于文化。因此两本书对照阅读，可以全面了解中国流通硬币的收藏历史与现状。

编委会

前言

中国现代流通硬币，从1953年开始设计，1955年开始生产，1957年开始发行，已有半个多世纪的发展历史，共发行了四套流通硬币，一百多枚普通纪念币，这些流通硬币在新中国货币流通中发挥了重要作用，形成了灿烂的中国现代流通硬币文化。

以前关于中国现代流通硬币的书籍讲述的都是基本品种，极少涉及版别，钱币珍品就没有被收藏者发现。所以长期以来，现代流通硬币在钱币收藏中的地位远不如纸币。笔者多方搜集钱币实物及资料，走访多名在钱币学会、金融系统及造币企业工作过的老同志，经系统整理，实现了对中国现代流通硬币版别的初步研究，并产生了一种使命感，感到如果现在不认真搜集和研究整理这些实物和资料，不去走访那些制造和发行的当事人，等将来再过一个时代，研究会更加困难。因此，收藏、研究和保护现代流通硬币，是历史赋予我们这代人的责任，我们有义务给后人留下更准确、更详实的实物资料和文字资料。

早期硬分币的存世量很大，但由于流通时间太长、流通范围太广泛，使得好品相的硬币一币难求。套装流通硬币，是改革开放时期的产物，目的是加强对外文化交流，创取外汇，为“四化”积累资金，这部分套装币发行量有限，里面含有很多未公开发行的硬币，收藏价值很高。

普通纪念币俗称流通纪念币，是为纪念重大历史事件、杰出人物或具有特殊意义的事物而发行的金属币。普通纪念币自1984年开始发行，发行总量较大，价格较低，收藏较容易，一般收藏者都可以接受，因而具有广泛的群众基础。但是，这些较常见的纪念币都是普制币，事实上，在生产普制币的同时，中国人民银行还委托造币厂生产了精制币、样币或精制样币，只不过除了普制币以外，其余版别的产量较少，中国人民银行也没有单独的发行公告，没有做过宣传，因而没能引起收藏者的重视。正是最近几年一些收藏爱好者对这些数量较少的纪念币版别进行研究，才发现了不同版别纪念币的不同价值，丰富了普通纪念币的收藏内涵，使得普通纪念币的收藏价值和在钱币收藏中的地位得到了极大的提升，同时也扩大了收藏者的视野，把流通纪念币的收藏变得其乐无穷。

流通纪念币规范的名称字数较多，而收藏者一般都说简称，故本书流通纪念币的标题均为全称，而在括号内标注简称，编号总表内只标注简称。

为了方便读者全面而准确地了解中国现代流通硬币的版别，笔者设计了一种三段式编码方式，对钱币进行编号。这种编号系统而简单，是开放型的，对于今后发行的币，或新发现的版别，还可以继续进行编号，而不影响已有的编号，充分考虑到了今后的长远发展。

硬币编号的规则如下：

硬币编号采用英文字母+阿拉伯数字的方式，如A1，J2a1。

第一个字母用大写英文字母，表示硬币的种类：A代表第二套人民币硬币；B代表第三套人民币硬币；C代表第四套人民币硬币；D代表第五套人民币1999版；E代表第五套人民币2019版；S代表未发行流通硬币呈样；J代表普通纪念币；JC代表纪念钞；T代表套装流通硬币。

第一个字母后的数字表示硬币的序号，按照发行时间顺序排列。同时发行的硬币，按照中国人民银行网站的顺序排列。如A1代表1955年壹分，J2代表中华人民共和国成立三十五周年纪念币中的欢庆币。

小写字母表示硬币的版别，a代表普制币；b代表精制币；c代表样币；d代表精制样币，当只有普制币并只有这一个版别时就空缺。小写字母后的数字表示硬币的细分版别，采用阿拉伯数字表示，无细分版别就空缺。例如J2a1代表中华人民共和国成立三十五周年欢庆纪念币普制上海版。

对于收藏者来说，最初看到这个编号以后，也许会感到中国流通硬币的版别很复杂，但当您把这本书的基本内容看完以后，您会觉得中国流通硬币的版别虽然复杂，但容易识别和掌握规律，通过看编号汇总表，大有纵览全局、一目了然之感。

本书数量单位统一为：直径——毫米，厚度——毫米，重量——克，发行量——套。面值单位为元。精制币和精制样币都标明了精美度，精美度按五级划分，5级为最高，1级为最低。除了普制样币以外，对于较珍稀的钱币标注了珍稀程度，珍稀程度按三级划分，大珍、小珍、稀少，以市场存量和收藏地位综合考虑划分标准。

本书的标价，是按照目前的交易习惯，以套为单位标价，价格参照现代钱币网（http://www.coin001.com/）2019年8月的报价，以及该网站当时的拍卖和交易价格综合确定的。参考现代钱币网的报价，是因为这个网站是目前国内最专业的中国现代流通硬币网站，拥有一流的专家队伍和著名的收藏家，他们站在了中国现代流通硬币学术研究的前沿，网站的交易和拍卖价格体现了中国现代流通硬币最真实准确的价格。由于不同品相的价格差别较大，本书标价以完全未流通品相为准。

由于受到篇幅限制，本书钱币图片的尺寸采用原大，包装图片的尺寸根据排版需要作了适当缩小，康银阁装帧的精制卡币由于较常见，包装只展示外包装的正面或正面的一部分。

本书在编写过程中，得到了广大泉友的热情支持与鼓励，特别是现代钱币网的多位专家和藏家对本书稿进行了校对，王承炽、杨平对本书的主要标题和钱币版别进行了英文翻译，特别是王承炽先生在美国生活工作多年，既了解钱币，又精通语言，参与本书的翻译，是本书的一大幸事。钱多多进行了图片的拍摄和整理，上海科学技术出版社的励真编辑也做了大量的审阅工作，在此一并致谢！

孙克勤

Introduction

Chinese circulating coins, first designed in 1953, minted in 1955, released in 1957, have a history of more than half a century. There are four series of circulating coins and over 100 types of circulating commemorative coins. These circulating coins have played an important role in the circulation of commodities in New China, and have fostered a splendid culture of Chinese modern circulating coins.

Previous books on Chinese circulating coins focused on business strikes, largely ignoring different strikes and varieties. As a result, rarities slipped past collectors unnoticed, and so coins have lagged far behind paper banknotes for a long time in currency collection. By collecting different varieties of Chinese circulating coins and acquiring their data, visiting the old generation who worked at the Numismatic Society, financial institutions and the mints, and systematic checking and organizing, I completed initial research on the varieties of Chinese modern circulating coins. In the meantime, I developed a sense of mission. If we fail to collect and study these coins and their data in earnest, if we do not reach out to those responsible for minting and releasing these coins, research will become more difficult in another generation. Our generation is entrusted by History with the crucial responsibility of collecting, researching and protecting modern circulating coins. We are obliged to pass to future generations more accurate, elaborate data both in the form of physical assets and written records.

A huge amount of early cent coins has survived, but because their circulation spanned a long period of time, coins in good conditions are hard to find. Some coin sets were issued during the first years of Reform and Opening-Up, for the purpose of boosting cultural interactions with other countries and acquiring foreign exchange to provide capital for the "Four Modernizations." These coin sets were issued in limited quantity, with quite a few coins among them not ever publicly released. These coin sets are highly valuable for collection.

Circulating commemorative coins, are metal coins issued for important historical events, outstanding figures or things with special significance. They were first released in 1984. As the mintage is usually large and the price low, they are low-cost to collect. These circulating commemorative coins are business strikes. In addition, the People's Bank of China instructed the mints to make proof coins, bank specimens or proof bank specimens. But with the exception of the business strikes, other types had a low mintage, and the People's Bank of China did not send out specific notices nor promoted them. As a result, they escaped the attention of collectors. Not until recent years, when collectors began to research these different strikes of limited mintage, did they come to realize their different values. The scope of commemorative coin collection was expanded. Both the value of commemorative coin collection and the position of commemorative coins in the context of currency collection have been drastically enhanced. The perspective of coin collectors has been broadened, making circulating commemorative coin collection full of fun and joy.

Normative names of circulating commemorative coins often have many words, so collectors often use the abbreviation. The titles of circulating commemorative coins are all normative names, and the abbreviation is in the bracket.

I designed a three-segment coding system to add codes to Chinese modern circulating coins, for the purpose of making it easier for readers to understand accurately and fully the different strikes and varieties. The codes are systematic and simple, as well as open-ended. New releases or newly discovered strikes or varieties can be coded without impacting previous codes. Long-term future developments have been taken into consideration.

The rules of coin coding are as follows:

The coins are coded as "English letter + digit", for example A1 and J2a1.

The first letter is a capitalized English letter, designating the category of the coin.

A: circulating coins in the second series of RMB;

B: circulating coins in the third series of RMB;

C: circulating coins in the fourth series of RMB;

D: the 1999 year version circulating coins in the fifth series of RMB;

E: the 2019 year version circulating coins in the fifth series of RMB;

S: Unissued pattern;

J: circulating commemorative coins.

JC: commemorative bank notes;

T: circulating coin sets;

The digit after the first letter indicates the serial number of the coin, arranged in the order of the release year. Coins released in the same year are ordered by their posting time on the website of the People's Bank of China. For example, "A1" stands for "1 fen, 1955", and "J2" for "The 35th Republic Anniversary Dancers".

The lower case letter indicates strikes of the coin.

a: business strike;

b: proof strike;

c: bank specimen;

d: proof bank specimen.

If only business strikes are issued, this lower case letter will be absent.

The digit after the lower case letter indicates the variety of the coin. If no varieties are found for the type, it will be omitted. For example, "J2a1" stands for the Shanghai Mint variety of "The 35th Republic Anniversary Dancers".

Collectors may feel perplexed by the complexity of the strikes and varieties of Chinese circulating coins when they first come across this coding system. But once they read through this catalog, they will find that despite the complexity, it is easy to recognize and understand the coding conventions, as the coding system provides a birds-eye view of all the strikes and varieties.

Units of measurement in this catalog are standardized as follows:

Diameter: in millimeters

Thickness: in millimeters

Weight: in grams

Mintage: in sets

Proof coins and proof bank specimens are all marked with indications of their surface quality on a scale of 5: 5 is the highest, while 1 is the lowest. With the exception of bank specimens, rarity is indicated by 3 degrees: extremely rare, rare and scarce, based on the combined evaluation of their surviving mintages on the market and their appeal to collectors.

In conformity with current trading conventions, reference prices in this catalog are those for coin sets, based on a combination of the following sources: price quotations from the website Modern Coins and Banknotes (http://www.coin001.com/), effective as of August. 2019, and realized auction/selling prices on the same website. The reason of using price quotations from Modern Coins and Banknotes (MCB) is that MCB is the most professional website on Chinese circulating coins, with a team of top experts and best-known collectors in the world, who are always leading the research in Chinese circulating coins. Besides, the website boasts the fairest transactions and auctions, reflecting the most realistic and accurate prices. Coins in different conditions have different price, the price quotations follows the uncirculated coins.

Due to the space limit, coin pictures in this book are life size, and the pictures of their packaging is scaled down to meet desktop publishing needs. As the packaging by Coingot (exclusive distributor of proof circulating coins) is fairly common, only the front of the packaging or part of the front will be shown in this catalog.

Numerous collectors expressed their enthusiastic support and encouragement when I worked on this catalog. Special thanks are due to the many experts and collectors from MCB. Frank Wang and Ping Yang translated for the main contents of the book. Especially Frank is a fortune to the book, because Frank working and living in America for years, not only know coins but also the language. Duoduo Qian took and worked on the pictures. Editor of John Li Shanghai Scientific & Technical Publishers put in a lot of efforts in proofreading, too. My sincere thanks to them all!

目录

上篇

流通硬币

Circulating Coins

下篇

普通纪念币

Circulating Commemorative Coins

中华人民共和国
壹圓
2000

中国现代流通硬币标准目录

上篇

流通硬币

Circulating Coins

中国人民银行从发行第二套人民币开始发行流通硬币，截止到目前共发行了4套流通硬币。对于这4套流通硬币的名称，收藏者的叫法有多种，比如针对壹、贰、伍分硬币，有人称硬分币，有人称第一套流通硬币，还有人称第二套人民币硬币，这些称呼都没错，但权威的叫法应该是中国人民银行网站的，称之为第二套人民币硬币。

这些流通硬币，从发行渠道上分两部分，一部分投入到银行网点，广泛进入流通，统称为普通流通硬币，简称为普币。另一部分没有投入银行网点，没有参与流通，只用于装帧成册，在特定范围内发行，这部分硬币也可以流通，但在流通中基本见不到，统称为套装流通硬币，简称为套币。

按照制作工艺划分，流通硬币有普制和精制两种基本版别，所有的精制流通硬币仅存在于套装流通硬币中；另外，同一基本版别，由于工作模不同，造成硬币图文有明显差异时，在版别上可加以细分。中国流通硬币的收藏发展到现在，收藏爱好者已经不再满足于仅把年份和面值收集齐全，还要收藏不同的版别。本书本来应从壹分、贰分、伍分开始讲起，但考虑到版别问题，必须先从套装流通硬币开始讲起。

为了加强国际合作与交流，中国人民银行从1979年开始，装帧和发行了部分年份的套装流通硬币。这些套装币，除了1991年普制套币以外，都含有一枚或几枚普通流通硬币中没有的品种，还有的虽有普币，但版别不同。由于装帧数量有限，制作精美，很多年份的套币已经成为中国流通硬币的珍品，深受收藏者喜爱。

套装流通硬币的装帧单位较统一，中国人民银行授权中国造币公司装帧了1979年至1986年的套装币，基本面向国外发行；授权中国印钞造币总公司装帧了1991年至1996年的套装币；授权北京康银阁钱币有限公司装帧了1997年至2000年的套装币。套装币并不一定在当年装帧，如1992年装帧了1991年的套装币；1993年装帧了1992年套装币；1996年装帧了1993年至1996年的套装币；2000年装帧了1997年至2000年的套装币。

市场上还经常看到一些美国富兰克林公司装帧的中国套装硬币，年份比较混乱，常把不同年份的硬币装帧在一起，经笔者考证属于拆掉中国套装硬币包装后的再装帧，并非中国人民银行授权装帧。

中国套装流通硬币分为两个阶段，1979年至1986年为早期套装流通硬币，1991年至2000年为后期套装流通硬币。

早期套装流通硬币 *Early Circulating Coin Sets*

早期套装流通硬币指1979年至1986年的装帧币，是把当年发行的所有流通硬币装帧在一起，是第二套人民币硬币（硬分币）和第三套人民币硬币（长城币）的集合（1979年除外，当时还未发行第三套人民币硬币），有的还配有当年的生肖章。早期套装币的产量较小，发行的目的是为了国际交流和出口创汇，让更多的外国人了解改革开放的中国，绝大部分远销国外，在国内只有外汇商店才能买到，并且只能用外汇券才能购买，所以分散较好，市场价格一直在螺旋式攀升。

一、1979年套装流通硬币 *Circulating Coin Set of 1979*

1979年套装流通硬币，为普制币，含3枚分币一枚羊章，参考价15 000元。

关于1979年套装流通硬币的发行量问题，有多种说法，2011年出现在现代钱币网上的一张日文说明书，明确注明发行数为1万，笔者同意这一说法，这是目前唯一的可参照的实物证据资料。

1979年套币（T79a）

由于所用的装帧材料的质量比较好，目前所见包装基本完好，全新的比例较大，很多币的表面看似有水珠，实则是塑料膜析出液体所致，这种情况属于正常，品相一般都很好。

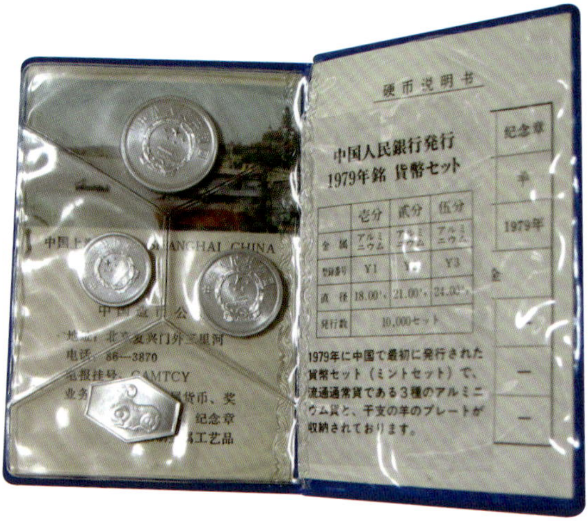

带日文证书的1979年套币

二、1980年套装流通硬币 *Circulating Coin Set of 1980*

1980年套装流通硬币，目前发现3种正宗包装。市场还常见地方商业银行装帧的套币，不再赘述。

1 1980年小黑本　这种包装被认定为第三套人民币硬币的样币，从制作工艺看属于半精制币，外包装的金粉多有脱落，里面的透明塑封袋很脆，破裂

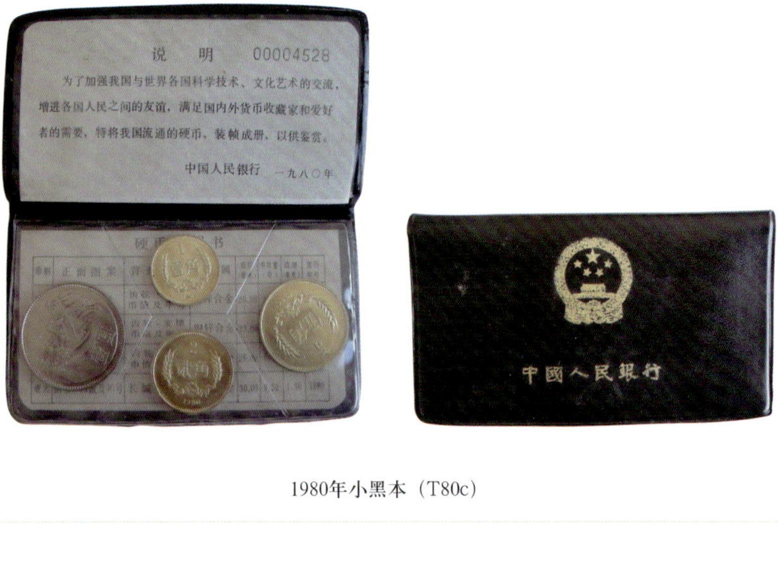

1980年小黑本（T80c）

的比例较大，铜角币氧化的较多，呈现黑点式氧化。很多依然呈密封状态的铜币，也存在氧化黑点。推测发行量为20 000套。参考价：全品16 000元。

❷1980年套装流通硬币 普制币，沈阳造币厂生产，装帧量80 000套，两张中英文说明书，有蓝皮本和黑皮本两种包装，这种包装，密封性好，铜币最多是极轻微的均匀氧化。参考价7 000元。

1980年蓝皮本内页

1980年黑皮本（T80a1）

1980年蓝皮本（T80a2）

❸1980年无英文黑皮本 笔者收集到一本无英文的黑皮本，装帧材料和小黑本的相同，比较脆，里面的元、角币也和小黑本相同，半精制币，这种册子极为少见，装帧时间应该在小黑本和对外销售的装帧册之间。

1980年无英文黑皮本

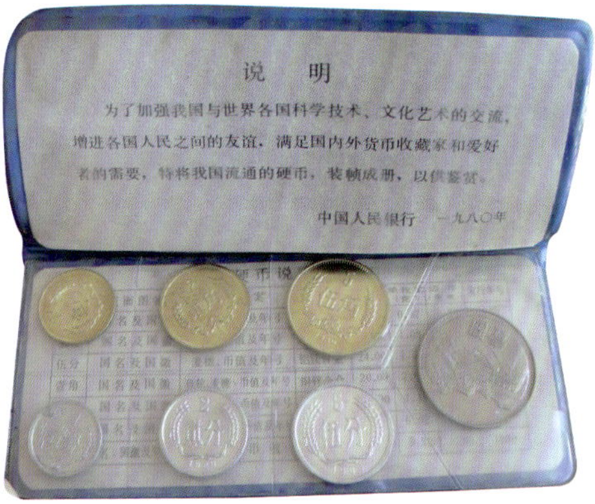

1980年无英文黑皮本内页（T80a3）

三、1981年套装流通硬币 *Circulating Coin Set of 1981*

目前所见1981年流通套币有两种官方包装，一是沈阳造币厂的红皮本，为普制币，一是上海造币厂的白外套蓝色装帧卡，为精制币。

❶ 普制套装 7枚普制币，附两张中英文说明书，红皮本包装，所见数量比精制套装少很多，笔者判断数量少于10 000套。参考价45 000元。

❷ 精制套装 包装印有中文说明书，产量19 500套，圆角币的精美度5级，分币的精美度3～4级，参考价15 500元。

1981年红皮本（T81a）

1981年红皮本内页

1981年白外套蓝色装帧卡（T81b）

在市场上，还有其他形式的包装存在，但笔者认为并非官方出品，富兰克林有一种纸卡装精制套装币，卡上印有英文说明，并粘有一张8分长城邮票，盖有“1984.3.5北京”邮戳。参考价12 000元。

1981年富兰克林纸卡装

四、1982年套装流通硬币 *Circulating Coin Set of 1982*

1982年套装流通硬币，含7枚精制币和1枚狗年生肖章，上海造币厂生产，产量21 538套，包装印有英文说明书，圆角币的精美度5级，分币的精美度4级，参考价15 000元。

1982年精制长城套币（T82b）

富兰克林纸卡装精制套装币，卡上印有英文说明，并粘有一张8分电报大楼邮票，盖有“1982.8.25北京”邮戳。参考价12 000元。

1982年富兰克林纸卡装

五、1983年套装流通硬币 *Circulating Coin Set of 1983*

1983年套装流通硬币，为精制币，上海造币厂生产，产量41 050套，包装印有中英文两页说明书，圆角币的精美度5级，分币的精美度3～4级，参考价11 500元。

1983年精制长城套币（T83b1）

中国人民银行塑料皮本装精制币，分白皮本和红皮本两种，封面印有“中国人民银行”字样，内有中文和英文说明书各一张，说明书印有“上海造币厂制造”字样。非常少见。

1983年白皮本（T83b2）

1983年红皮本（T83b3）

富兰克林纸卡装精制混装币甲种，圆角币均为1983年精制币，贰分也是1983年精制币，但壹分和伍分为1982年精制币，卡上印有英文说明，并粘有一张8分长城邮票，盖有“1984.3.5北京”邮戳。

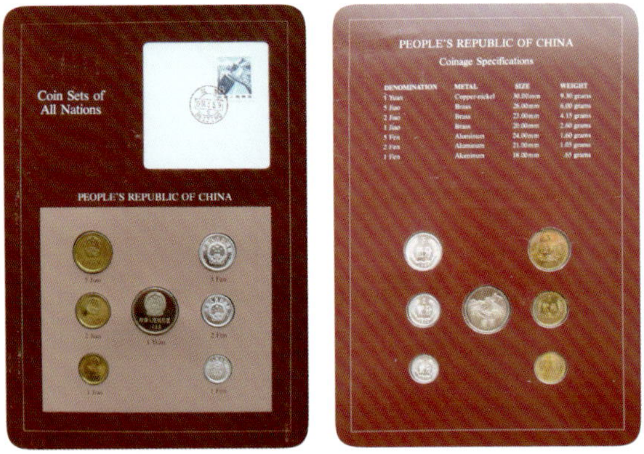

1983年富兰克林甲种

1983年富兰克林乙种

富兰克林纸卡装精制混装币乙种，伍角、壹角、壹分和贰分为1983年精制币，壹元、贰角和伍分为1982年精制币，卡上印有英文说明，并粘有一张8分长城邮票，盖有“1984.3.5北京”邮戳。

市场上还有一种普制装帧册，包装和精制币包装相同，长城币为1983年普制币，壹分为1980年，贰分为1981年，伍分为1976年，章为铝质老鼠章。普遍认为这种包装为正宗包装。（普制装帧册的外包装与精制装帧册的外包装相同）

还有一种类似包装，看上去相同，细看

1983年普制长城套币（T83a）

封皮上的“中国人民银行”字体有区别，里面的分币年号均为1983年，章为紫铜章。普遍认为这种包装为后人私装。

不管是哪种普制包装，其实币都是普制的，和普通流通硬币没有区别。

六、1984年套装流通硬币 *Circulating Coin Set of 1984*

1984年套装流通硬币，为精制币，有两个沈阳版和一个上海版。

① **普通沈阳版** 沈阳造币厂生产，产量5 750套，塑料盒内有中文说明书，圆角币的精美度5级，分币的精美度3级，参考价19 000元。

② **寇波版** 2014年4月，青岛泉友寇波在现代钱币网发表论文《1984年沈阳版精制长城套币的版别研究》，他发现了一种特殊的沈阳版，7枚硬币都是特殊版别，为了鼓励广大泉友对现代流通硬币版别研究的热情，本书将此版别定义为寇波版。沈阳造币厂生产，产量计入沈阳5 750总量中，塑料盒文字和国徽图案明显偏小，有的缺中文说明书，圆角分币的精美度均为5级，小珍，参考价160 000元。

③ **上海版** 上海造币厂生产，数量不详，所见实物比普通沈阳版偏

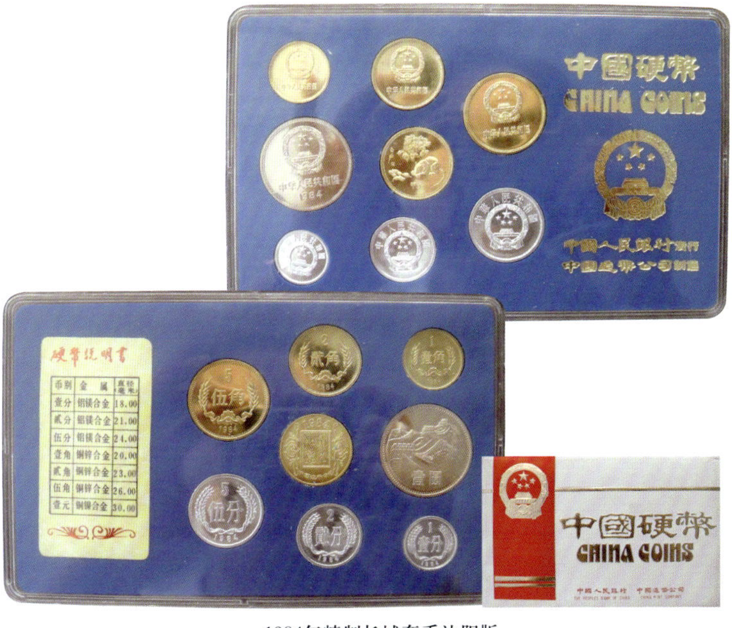

1984年精制长城套币沈阳版

少，包装印有英文说明书，圆角币的精美度5级，分币的精美度4级，参考价45 000元。（上海版的外包装纸套和1982年包装纸套相同）

上海版水晶球，这种包装像工艺品一样，便于展示和欣赏，币不氧化，可长期保存。非常少见。

1984年精制长城套币寇波版（T84b3）

1984年精制长城套币上海版（T84b2）

1984年水晶球

七、1985年套装流通硬币 *Circulating Coin Set of 1985*

1985年套装流通硬币，为精制币，沈阳造币厂生产，产量4 825套，塑料盒内有中文说明书，圆角币的精美度5级，分币的精美度3 ～ 4级，参考价26 500元。（外包装纸套和1984年沈阳版相同）

据市场所见，1985年套币比1984年沈阳版套币少数成。

1985年精制长城套币（T85b）

八、1986年套装流通硬币 *Circulating Coin Set of 1986*

1986年套装流通硬币，为精制币，沈阳造币厂生产，产量660套，塑料盒内有中文说明书，圆角币的精美度5级，分币的精美度3 ～ 4级，参考价32万元。（外包装纸套和1984年沈阳版相同）

仅几百套的发行量，和第一套人民币“牧马”、“蒙古包”、“瞻德城”的存世量差不多，实属大珍级藏品，市场认知度有待提高！

1986年精制长城套币（T86b）

后期套装流通硬币 *Late Circulating Coin Sets*

后期套装流通硬币是指1991年至2000年的装帧套币，是把当年发行的所有硬币装帧在一起，是第二套人民币硬币（硬分币）和第四套人民币硬币（老三花）的集合体，每个年份都有普制和精制两个版别，分别装帧，都包含壹分、贰分、伍分、1角、5角、1元6枚流通硬币。

1991年、1999年和2002年还有样币，因为属于装帧币，也在此一并介绍。

后期套装流通硬币的发行量完全确定，没有争议，主要面向国内收藏爱好者发行，发行量如下：

年份	1991	1992	1993—1996	1997—2000
普制	18万套	9.2万套	28万套	30万套
精制	2万套	13.2万套	2万套	2万套

1993—1996年装帧方式相同，1997—2000年装帧方式相同，为了节约篇幅，这两组套币各展示其中一个年份的套币图片。

一、1991年套装流通硬币 *Circulating Coin Set of 1991*

1991年套装流通硬币，1元、5角精制币的精美度5级，1角、分币精制币的精美度3～4级，参考价：普制300元，精制2 300元。

1991年样币，参考价：33 000元。

1991年普制套装流通硬币（T91a）

1991年精制套装流通硬币（T91b）

1991年样币（T91c）

二、1992年套装流通硬币 *Circulating Coin Set of 1992*

1992年套装流通硬币，1元精制币的精美度2级，5角精制币的精美度4级，1角、分币精制币的精美度3～4级，参考价：普制900元，精制800元。

1992年普制套装流通硬币（T92a）

1992年精制套装流通硬币（T92b）

三、1993—1996年套装流通硬币 *Circulating Coin Set From 1993 to 1996*

1993—1996年套装流通硬币，1元精制币的精美度5级，贰分精制币的精美度4级，5角、1角、壹分、伍分精制币的精美度3～4级，参考价：普制650元，精制2 500元。

1993—1996年装帧方式相同，所以只展示其中一个年份的套币图片。

1993年普制套装流通硬币（T93a）

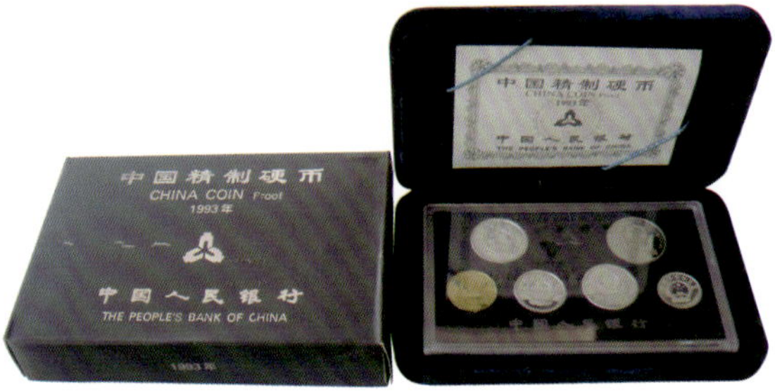

1993年精制套装流通硬币（T93b）

四、1997—2000年套装流通硬币 *Circulating Coin Set From 1997 to 2000*

1997—2000年套装流通硬币，由于装帧原因，这四个年份的精制5角币很多氧化了，全品的数量较少，再加上2000年的1角和1元仅见于装帧币等原因，

1997年普制套装流通硬币
(T97a)

精制套币的市场价格较高。元、角、贰分精制币的精美度5级，壹分、伍分精制币的精美度4级。参考价：普制2 550元，精制10 000元。

1997—2000年装帧方式相同，所以只展示其中一个年份的套币图片。

前几年，市场曾出现一种木盒装帧的精制套币，全部来自北京马甸市场，从装帧上看很正规，有康银阁证书，已被众多藏家认同。

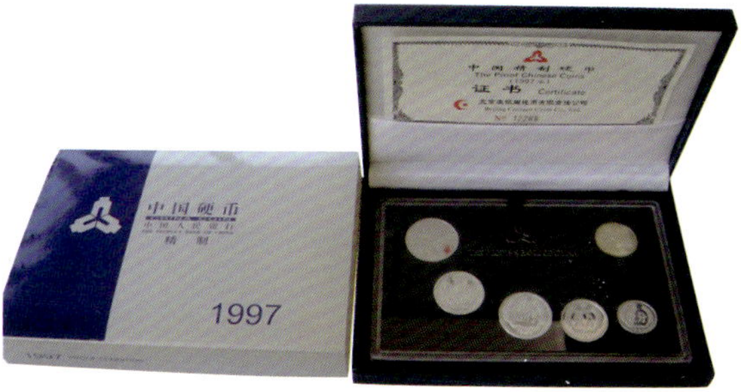

1997年精制套装流通硬币（T97b）

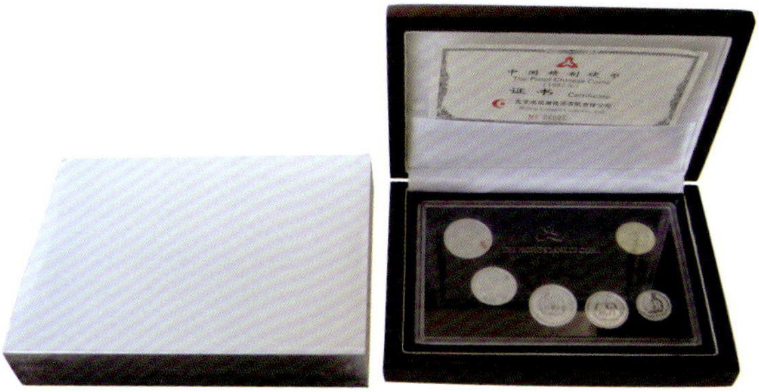

1997年精制套装流通硬币木盒装（T97b）

五、1999年1角、1元样币 *Specimen of Jiao and Yuan in 1999*

1999年1角、1元样币。所见不多，参考价5万元。

1999年1元样币

1999年1角样币

六、2002年5角样币 *Specimen of 5 Jiao in 2002*

2002年5角样币，是所见最少的流通硬币样币，参考价6.5万元。

2002年5角样币

第二套人民币硬币 *Coins in the Second Series*

中国人民银行自1957年12月1日起发行壹分、贰分、伍分3种硬币，与第二套人民币纸币等值流通。下表为第二套人民币硬币的材质、重量、直径、厚度等数据：

面值 *Face Value*	壹分 Fen	贰分 2 Fen	伍分 5 Fen
材质 *Metal*	铝镁合金 Aluminum and magnesium alloy	铝镁合金 Aluminum and magnesium alloy	铝镁合金 Aluminum and magnesium alloy
重量 *Weight* (g)	0.67	1.08	1.60
直径 *Diameter* (mm)	18	21	24
厚度 *Thickness* (mm)	1.3	1.6	1.8

硬分币的基本版别分为普制和精制两种，精制币仅存在于1981年至1986年、1991年至2000年的精制套装流通硬币中。硬分币主要由沈阳和上海两家造币厂生产，在20世纪80年代也有其他协作工厂参与，不同造币厂所造的相同年号的硬分币，有的图文存在较为明显的差异，主要表现在麦穗的麦芒和“分”字的写法上，有人称之为平芒和露芒的区别，还有人称之为平版与凸版的区别，目前采用平版和凸版称谓的已占主流，本书应用这一概念。

平版硬分币，其版别显著特征为麦穗外侧的从下数第二个麦芒没有穿出飘带，刀字中撇的写法无顿笔，刀字的提勾为平滑的圆弧勾，正面人字为平头无顿笔；凸版硬分币，其版别显著特征为麦穗外侧的从下数第二个麦芒明显穿出飘带，刀字中撇的写法有顿笔，刀字的提勾为凸出的拐角勾，正面人字头有顿笔。两种版别还有许多区别，诸如正面“人”、“共”字的字体均有明显差异等。上述部分区别早在十多年以前就有前辈做过充分的研究，对于一般收藏者来说，只要能学会区别两个版别就够了，在钱币编号时，

平版 (No Awn Tip)　　凸版 (With Awn Tip)

普制用a表示，精制用b表示，如果只有一个版别时，就省略。

一、早期硬分币 *Early Cent Coins*

基于研究和收藏的方便，把1978年及以前的硬分币称为早期硬分币，这部分硬分币，全部是普通流通硬币，没有套装流通硬币，只有一个普制版别。

早期硬分币共有33种，没有版别区分（品种及编号见书后的编号总表），图案大体相同，所以，只展示首发年号硬分币图片。

早期硬分币中的有些品种，年号字体有粗细之分，国徽里的五角星有大小之分，或有其他微小差异，这些差异不经对比较难区分，因此本书不把这些区别列入不同版别。如1956年伍分有大星和小星之分。

A1

A4

A2

大星版

小星版

1976年1分有普通版和月牙版之分，所谓月牙版可能是压印过程中模具损坏形成了批量产品所致，因此也不做版别的区分。

普通版

月牙版

还有些早期硬分币品种，比如1959年壹分，有的具有精制效果，差异比较明显，在现实交易中价格也存在明显差别，但中国人民银行从未特意生产过早期精制硬币，没有单独做过精制模具，其精制效果，可能是由于坯饼抛光及初打原因，因此本书不区分早期硬分币的精制和普制版别。

普通版

镜面版

早期硬分币虽然不分版别，但以上的种种不同点增加了收藏的趣味。

现代钱币网目前是早期评级硬分币交易的最大网站，也是最早进行早期评级分币报价的网站，其交易价格，对于整体市场具有重要的参考价值。各家评级公司的评级币价格存在一定差异，因此对于评级币的报价只能综合价，主要参考PCGS和NGC的成交价格。

壹分硬币价格
Reference Prices of Fen Coins

年份 Year	MS64	MS65	MS66	MS67	MS68	MS69
1955	300	350	400	600	1 050	/
1956	400	700	1 400	5 000	10 000	/
1957	1 000	1 200	1 700	2 400	3 500	/
1958	500	1 000	1 600	2 200	/	/
1959	350	500	600	1 500	2 600	/
1961	400	600	800	1 000	1 900	6 000
1963	200	350	400	450	750	2 400
1964	130	150	180	200	220	400
1971	120	130	150	200	/	/
1972（混）	200	220	250	300	400	1 150

（续表）

年份 Year	MS64	MS65	MS66	MS67	MS68	MS69
1973	130	200	350	400	500	1 500
1974	160	180	250	280	300	800
1975	120	130	140	150	200	350
1976	180	200	210	230	350	800
1977	120	140	150	160	280	/
1978（混）	/	100	120	160	280	450
1979（平）	130	140	150	250	550	/

贰分硬币价格
Reference Prices of 2 Fen Coins

年份 Year	MS64	MS65	MS66	MS67	MS68	MS69
1956	230	280	350	400	1 300	/
1959	850	3 800	12 000	/	/	/
1960	120	130	150	250	700	/
1961	200	450	600	900	2 500	/
1962	300	600	1 300	2 000	/	/
1963	500	1 800	3 000	15 000	/	/
1964	130	150	160	180	200	400
1974	180	200	350	600	/	/
1975	130	250	650	1 000	2 900	/
1976	100	120	140	180	500	/
1977	100	120	200	250	350	/
1978	100	120	140	250	300	600
1979	100	120	160	250	700	/

伍分硬币价格
Reference Prices of 5 Fen Coins

年份 Year	MS64	MS65	MS66	MS67	MS68	MS69
1955	240	280	300	500	1 800	/
1956（粗 Thick）	130	150	180	200	220	500
1956（细 Thin）	120	150	180	200	220	400
1957	180	200	300	400	1 600	/
1974	/	/	200	230	250	500
1976	/	/	150	180	220	350

二、后期硬分币 Late Cent Coins

后期硬分币指1979年及以后生产发行的硬分币，这部分硬分币，既有普币，也有套币，有些品种，只在套装流通硬币才有；有些品种，即发行了普币，也发行了套币，但版别存在区别；还有些品种，普币和套币都有发行，版别也相同(品种、版别及编号见书后的编号总表)。所以后期硬分币的版别较为复杂，本书为了节省篇幅，对于只有一种版别的分币，不展示图片，对于有不同版别的分币，都展示图片，以供收藏者对比。

1979年壹分普币和套币的版别不同，普币为平版，套币为凸版，伍分硬币只有套币，没有普币（“五朵金花”之一)。

A34a1

A34a2

A36

1980年壹分普币和套币的版别不同，普币为凸版，套币为平版。

A37a1

A37a2

贰分和伍分硬币仅有套币无普币，属于“五朵金花”币。

A38

A39

1981年普币只发行了贰分硬币，壹分和伍分仅存在于套币中，是“五朵金花”的另外两枚，由于1981年有普制和精制两种装帧币，因此有普制和精制两种版别，普制为平版，精制为凸版。

A40a

A40b

A41a

A41b

A42a

A42b

1982年3种都有普币发行，其中壹分普币有平版和凸版两个版别，套币是精制币，因此这个年份的版别比较丰富。

A43a1

A43a2

A43b

A44a

A44b

A45a

A45b

1983年普币3种都有发行，其中贰分普币有平版和凸版两个版别，1983年套币是精制币，因此这个年份的版别也比较丰富。

A46a

A46b

A47a1

A47a2

A47b

A48a

A48b

1984年普币3种都有发行，壹分为凸版，贰分为平版，五分为凸版。精制币分沈阳和上海两家造币厂生产，沈阳版为平版，上海版为凸版，青岛泉友寇波于2014年4月在现代钱币网发表论文，发现沈阳版还有一个版别，本书定义为寇波版，与普通沈阳版的区别是，寇波版精美度更高，底板镜面更亮并伴有毛刺状挤压纹，因此这个年份的版别最为丰富。

A49a

A49b1

A49b2

A49b3

A50a

A50b1

A50b2

A50b3

A51a

A51b1

A51b2

A51b3

1985年3种普币都有发行，全部为平版，精制币为沈阳版，全部为平版。

A52a

A52b

A53a

A53b

A54a

A54b

1986年3种普币都有发行，全部为平版，精制币为沈阳版，全部为平版。

A55a

A55b

A56a

A56b

A57a

A57b

1991年至2000年3种分币都有普制和精制两个版别，为节省篇幅，只展示一个年份的图片。

A67a

A67b

A68a

A68b

A69a

A69b

后期硬分币的普币存世量较大，主要以整卷、整盒或整箱（整件）的形式进行交易，价格较难把握，所以不予报价；套币除了评级极少单枚交易，其价格参考套装流通硬币整套价格。但是，1981年至1986年精制分币的价格较高，在现代钱币网已经形成较大规模交易，因此网站从2013年8月就开始了精制分币的每月一次报价。

1981—1986 年精制分币价格

Reference Prices of proof cent coins from 1981 to 1986

面值 *Face Value*	年份	PF66	PF67	PF68	PF69
壹分 Fen	1981	2 200	2 600	3 200	4 200
壹分 Fen	1982	240	280	380	2 500
壹分 Fen	1983	260	340	550	2 500
壹分 Fen	1984（沈阳）	1 090	1 950	2 150	5 500
壹分 Fen	1984（上海）	/	1 500	1 700	3 200
壹分 Fen	1984（寇波）	/	10 000	/	12 000
壹分 Fen	1985	700	1 500	2 500	3 000
壹分 Fen	1986	/	20 000	/	/
贰分 2Fen	1981	340	420	540	1 400
贰分 2Fen	1982	450	600	1 100	2 400
贰分 2Fen	1983	/	650	800	2 800
贰分 2Fen	1984（沈阳）	700	1 800	2 500	/
贰分 2Fen	1984（上海）	2 000	2 800	3 450	6 100
贰分 2Fen	1984（寇波）	/	9 000	11 500	/
贰分 2Fen	1985	/	1 200	2 800	7 100
贰分 2Fen	1986	/	20 000	/	/
伍分 5Fen	1981	2 420	2 700	3 000	5 100
伍分 5Fen	1982	240	370	860	1 900
伍分 5Fen	1983	420	560	1 200	3 700
伍分 5Fen	1984（沈阳）	1 300	1 950	2 800	6 700
伍分 5Fen	1984（上海）	/	1 300	3 000	3 400
伍分 5Fen	1984（寇波）	/	/	10 000	/
伍分 5Fen	1985	770	1 100	2 100	/
伍分 5Fen	1986	20 000	/	/	/

第三套人民币硬币 Coins in the Third Series of RMB

第三套人民币硬币，伴随第三版人民币纸币发行，由于在流通硬币体系中属于第二套，一元背面主图是万里长城图案、角币是麦穗图案，收藏界习惯上亦称第二套流通硬币或长城麦穗币，把当年7种硬币（有的还带章）的装帧套币俗称为长城套币。第三套人民币硬币有壹圆、伍角、贰角、壹角4种面值，从1980年开始发行，1986年结束，只发行了7个年份就停止了，停止发行的原因据说是材质的原因，笔者猜测一是有色金属镍和铜的成本较高，二是角币比较容易氧化。由于制造时间短，流通时间短，产量少，使得这套币的收藏价值较高，特别是装帧套币，量少而精美，是众多现代币藏家的收藏目标。

铜角币氧化以后，有的呈现红铜颜色，市场和网上普制铜角币交易也分红铜版和黄铜版两种，有人认为是不同合金所致。中国现代钱币网总版主顾朝辉做了破坏性试验，将一枚红铜版80年壹角用刀刮开，里面呈现黄铜颜色，并不是红铜。也许由于合金成分略有差异，使其氧化以后呈现出不同颜色，但由于未氧化前均为黄铜，可能使用了不同厂的原材料，合金成分应相差不大，因此，两种颜色的铜币在本书中不区分版别。

第三套人民币硬币数据

面值 *Face value*	壹圆 *Yuan*	伍角 *5 Jiao*	贰角 *2 Jiao*	壹角 *Jiao*
材质 *Metal*	铜镍合金 Copper nickel alloy	铜锌合金 Copper zinc alloy	铜锌合金 Copper zinc alloy	铜锌合金 Copper zinc alloy
重量 *Weight* (g)	9.32	6.02	4.18	2.62
直径 *Diameter* (mm)	30	26	23	20
厚度 *Thickness* (mm)	1.9	1.7	1.5	1.3

银行投入网点的普币有1980年4枚，1981年4枚，1983年4枚，1985年3枚（壹角、五角、壹圆），总共15枚，从1980年至1986年，每年都有套币。

第三套人民币硬币共有28种，54个版别（品种、版别及编号见书后的编号总表）。

1 1980年　80年长城币共有三个版别，普制、样币（半精制）和精制，其中普制壹圆还分为有砖版和无砖版。

普币于1980年4月15日发行，普制币，最初发行的和黑蓝本里的都是无砖版，后来发行的是有砖版。

B1a1　　B1a2

B2a　　B3a　　B4a

在发行前先向银行网点派发了少量样币，仅存在于小黑本中，半精制币，壹圆币和普制区别较大，铜角币和普制的区别较小，一般收藏者将小黑本拆开以后较难辨别，因此，本书只把壹圆样币的版别单独列出，铜角币不再单独列出版别。

B1c

笔者发现一套1980年精制长城币，为有砖版，推测是在1980年后期生产，为1981年精制币生产作准备。

B1b

B2b

B3b

B4b

②1981年 4种硬币都有普币，红皮本中的4枚也是普制币，白纸套中的4枚长城币为精制币，因此，每一种都有普制和精制两个版别。其中，普制壹圆还分为沈阳版和上海版。

普制沈阳版“1”字顿笔较尖，长城上的一级台阶是平的；普制上海版“1”字的顿笔较平，长城上的一级台阶是斜的；精制上海版与普制上海版图案一致，工艺不同，普制上海版底板车轮光明显，呈现亚光效果，精制上海版底板镜面高度反光，无车轮光。

B5a

B5a2

B5b

B6a

B6b

B7a

B7b

B8a

B8b

③1982年　无普币，只有套币，只有精制币一种版别。

B9b

B10b

B11b

B12b

④1983年　有普币、套装精制币两种版别。

B14a

B13a

B13b

B14b

B15a

B15b

B16a

B16b

⑤1984年 无普币，套币有普通沈阳版、上海版和寇波版3种。

壹圆币的区别：普通沈阳版“1984”年号字体较宽，“1”字顿笔较尖，长城上的一级台阶是平的；上海版“1984”年号字体较瘦，“1”字的顿笔较平，长城上的一级台阶是斜的；寇波版具有普通沈阳版特征，年号“1”字向上对应“人”字的中间部位。

B17b1

B17b2

B17b3

角币的区别：普通沈阳版“1984”年号字体较大；上海版“1984”年号字体较小；寇波版由沈阳造币厂生产，“1984”年号字体大小与普通沈阳版相同，但起笔和收笔的笔体有棱角，内齿相对较长；除年号“1984”以外的图案按比例扩大，使得麦穗、1/2/5面值、年号“1984”更靠近边缘；麦穗的麦粒分明，中间有明显空隙；麦穗也更加突出，麦芒向外延伸。

B18b1

B18b2

B18b3

B19b1

B19b2

B19b3

B20b1

B20b2

B20b3

⑥ 1985 年　壹圆、壹角、伍角有普币，其中普制壹圆有上海和沈阳两个版别，4 枚都有套币，套币为精制币。

B21a

B21a2

B21b

B22a

B22b

B23b

B24a

B24b

7 1986年　无普币，只有套币，为精制币。

B25b

B26b

B27b

B28b

普制长城币和早期分币具有相同的特点，品相对价格的影响极大，因此目前的高端交易集中在中国现代钱币网，基本都是评级币交易。精制长城币套装交易较为分散，评级币交易也是集中在中国现代钱币网，网站从2013年5月开始每月一次报价。报价综合PCGS和NGC的交易价格。

长城币普制币价格

Reference Prices of the Great Wall Coins in Business Strike

面值 Face Value	年份 Year	MS65	MS66	MS67	MS68	MS69
壹角 Jiao	1980	180	250	350	1 000	/
壹角 Jiao	1981	120	130	150	400	/
壹角 Jiao	1983	500	600	1 000	2 000	/
壹角 Jiao	1985	100	130	180	/	/
贰角 2 Jiao	1980	250	400	750	2 500	/
贰角 2 Jiao	1981	250	350	600	1 300	/
贰角 2 Jiao	1983	600	1 200	2 500	3 500	/
伍角 5 Jiao	1980	250	500	1 000	6 000	/
伍角 5 Jiao	1981	120	200	250	/	/
伍角 5 jiao	1983	350	500	750	/	/
伍角 5 Jiao	1985	130	150	200	/	/
壹圆 Yuan	1980（无砖 No Bricks）	600	1 300	3 200	/	/
	1980（有砖 With Bricks）	800	1 500	2 900	5 500	/
	1981（沈阳版）(Shenyang) (Sharp 1)	130	150	180	700	/
壹圆 Yuan	1981（上海版）(Shanghai) (Smooth 1)	/	/	4 800	7 000	8 500
壹圆 Yuan	1983	400	500	1 000	3 800	9 000
壹圆 Yuan	1985 (沈阳版) (Shenyang) (Sharp 1)	120	150	180	1 000	/
	1985（上海版）(Shanghai) (Smooth 1)	120	150	180	900	/

长城精制币价格

Reference Prices of the Great Wall Coins in Proof Strike

面值 Face Value	年份 Year	类型	64	65	66	67	68	69	70
壹角 Jiao	1981	PF	/	/	450	500	/	/	/
壹角 Jiao	1981	PFCA	400	450	500	550	650	1 100	4 500
壹角 Jiao	1981	PFUC	450	500	550	600	700	1 300	5 000
壹角 Jiao	1982	PF	暂时无出分记录						
壹角 Jiao	1982	PFCA	650	750	800	900	1 000	1 600	/
壹角 Jiao	1982	PFUC	700	800	850	950	1 300	1 800	/
壹角 Jiao	1983	PF	/	/	550	600	700	1 100	/
壹角 Jiao	1983	PFCA	500	550	600	650	800	1 400	/

（续表）

面值 Face Value	年份 Year	类型	64	65	66	67	68	69	70
壹角 Jiao	1983	PFUC	550	600	650	700	900	2 600	/
壹角 Jiao	1984（沈阳）	PF	700	800	900	1 200	1 700	/	/
壹角 Jiao	1984（沈阳）	PFCA	800	900	1 000	1 300	2 500	/	/
壹角 Jiao	1984（沈阳）	PFUC	1 000	1 200	1 800	2 100	3 500	7 500	/
壹角 Jiao	1984（沈阳寇波）	PF	/	/	/	/	/	/	/
壹角 Jiao	1984（沈阳寇波）	PFCA	/	/	20 000	25 000	/	/	/
壹角 Jiao	1984（沈阳寇波）	PFUC	/	/	/	/	/	/	/
壹角 Jiao	1984（上海）	PF	750	900	1 100	/	1 600	/	/
壹角 Jiao	1984（上海）	PFCA	900	1 100	1 400	1 600	1 800	/	/
壹角 Jiao	1984（上海）	PFUC	1 000	1 200	1 500	2 300	3 300	7 600	/
壹角 Jiao	1985	PF	800	900	1 100	1 200	2 200	6 000	/
壹角 Jiao	1985	PFCA	900	1 000	1 500	2 000	3 000	8 000	/
壹角 Jiao	1985	PFUC	/	/	/	2 600	/	/	/
壹角 Jiao	1986	PF	/	/	14 000	/	/	/	/
壹角 Jiao	1986	PFCA	/	/	/	25 000	/	/	/
壹角 Jiao	1986	PFUC	暂时无出分记录						
贰角 2 Jiao	1981	PF	350	450	550	700	800	1 000	/
贰角 2 Jiao	1981	PFCA	400	550	650	750	1 000	1 300	/
贰角 2 Jiao	1981	PFUC	450	600	700	750	1 200	1 800	/
贰角 2 Jiao	1982	PF	/	800	/	1 000	1 400	/	/
贰角 2 Jiao	1982	PFCA	700	900	1 000	1 100	1 400	1 900	/
贰角 2 Jiao	1982	PFUC	800	950	1 100	1 200	1 700	2 100	/
贰角 2 Jiao	1983	PF	/	/	600	/	/	/	/
贰角 2 Jiao	1983	PFCA	/	600	700	850	1 300	1 600	/
贰角 2 Jiao	1983	PFUC	650	700	800	900	1 500	2 200	/
贰角 2 Jiao	1984（沈阳）	PF	1 000	1 200	1 300	1 900	2 100	3 900	/
贰角 2 Jiao	1984（沈阳）	PFCA	1 300	1 500	1 600	2 400	2 800	7 300	/
贰角 2 Jiao	1984（沈阳）	PFUC	1 400	1 600	1 800	3 000	4 500	13 000	/
贰角 2 Jiao	1984（沈阳寇波）	PF	/	/	/	/	/	/	/
贰角 2 Jiao	1984（沈阳寇波）	PFCA	18 000	/	20 000	25 000	86 000	/	/
贰角 2 Jiao	1984（沈阳寇波）	PFUC	/	/	/	/	/	/	/

（续表）

面值 Face Value	年份 Year	类型	64	65	66	67	68	69	70
贰角 2 Jiao	1984（上海）	PF	/	/	1 900	2 000	3 000	/	/
贰角 2 Jiao	1984（上海）	PFCA	1 600	1 800	2 100	2 300	3 500	6 000	/
贰角 2 Jiao	1984（上海）	PFUC	2 000	2 500	3 000	3 200	5 000	11 000	/
贰角 2 Jiao	1985	PF	5 000	6 000	7 300	8 500	11 000	/	/
贰角 2 Jiao	1985	PFCA	5 500	7 000	8 000	10 000	18 000	29 000	/
贰角 2 Jiao	1985	PFUC	暂时无出分记录						
贰角 2 Jiao	1986	PF	/	/	/	/	/	/	/
贰角 2 Jiao	1986	PFCA	20 000	/	30 000	/	/	/	/
贰角 2 Jiao	1986	PFUC	暂时无出分记录						
伍角 5 Jiao	1981	PF	/	/	450	/	/	/	/
伍角 5 Jiao	1981	PFCA	400	450	500	550	850	1 400	/
伍角 5 Jiao	1981	PFUC	450	500	550	600	950	1 800	6 500
伍角 5 Jiao	1982	PF	/	/	/	/	/	/	/
伍角 5 Jiao	1982	PFCA	650	800	800	1 000	1 100	1 800	/
伍角 5 Jiao	1982	PFUC	700	900	1 000	1 100	1 500	2 700	/
伍角 5 Jiao	1983	PF	350	400	450	600	/	1 200	/
伍角 5 Jiao	1983	PFCA	400	450	500	600	900	1 300	/
伍角 5 Jiao	1983	PFUC	550	600	650	800	1 500	2 200	/
伍角 5 Jiao	1984（沈阳）	PF	650	750	1 000	1 100	1 800	5 000	/
伍角 5 Jiao	1984（沈阳）	PFCA	700	800	1 200	1 600	3 000	7 200	/
伍角 5 Jiao	1984（沈阳）	PFUC	900	1 100	1 500	3 000	5 500	13 000	/
伍角 5 Jiao	1984（沈阳寇波）	PF	/	/	/	/	/	/	/
伍角 5 Jiao	1984（沈阳寇波）	PFCA	/	/	20 000	25 000	/	/	/
伍角 5 Jiao	1984（沈阳寇波）	PFUC	/	/	/	/	26 000	/	/
伍角 5 Jiao	1984（上海）	PF	900	1 100	1 350	1 600	2 000	4 000	/
伍角 5 Jiao	1984（上海）	PFCA	950	1 200	1 400	1 800	2 900	6 500	/
伍角 5 Jiao	1984（上海）	PFUC	1 050	1 200	1 500	2 800	3 800	7 500	/
伍角 5 Jiao	1985	PF	900	1 000	1 200	1 300	4 000	/	/
伍角 5 Jiao	1985	PFCA	1 000	1 200	1 300	2 100	9 000	11 000	/
伍角 5 Jiao	1985	PFUC	/	/	2 200	3 000	/	/	/
伍角 5 Jiao	1986	PF	/	/	/	22 000	/	/	/
伍角 5 Jiao	1986	PFCA	/	16 000	18 000	/	/	/	/
伍角 5 Jiao	1986	PFUC	暂时无出分记录						

（续表）

面值 Face Value	年份 Year	类型	64	65	66	67	68	69	70
壹圆 Yuan	1981	PF	/	/	1 500	/	/	3 800	/
壹圆 Yuan	1981	PFCA	1 200	1 500	1 700	2 500	3 500	4 400	11 000
壹圆 Yuan	1981	PFUC	1 800	2 000	2 300	3 000	4 200	5 800	18 000
壹圆 Yuan	1982	PF	暂时无出分记录						
壹圆 Yuan	1982	PFCA	2 500	3 000	3 300	3 800	4 200	5 500	/
壹圆 Yuan	1982	PFUC	3 000	3 300	3 600	4 000	4 800	7 300	21 000
壹圆 Yuan	1983	PF	暂时无出分记录						
壹圆 Yuan	1983	PFCA	/	/	/	/	/	4 500	/
壹圆 Yuan	1983	PFUC	2 300	2 600	2 800	3 000	3 600	5 300	20 000
壹圆 Yuan	1984（沈阳）	PF	暂时无出分记录						
壹圆 Yuan	1984（沈阳）	PFCA	/	5 500	6 000	7 000	7 500	10 500	/
壹圆 Yuan	1984（沈阳）	PFUC	6 000	6 500	7 000	8 000	9 000	16 000	/
壹圆 Yuan	1984（沈阳寇波）	PF	/	/	/	/	/	/	/
壹圆 Yuan	1984（沈阳寇波）	PFCA	/	/	40 000	65 000	70 000	250 000	/
壹圆 Yuan	1984（沈阳寇波）	PFUC	/	/	70 000	80 000	90 000	/	/
壹圆 Yuan	1984（上海）	PF	暂时无出分记录						
壹圆 Yuan	1984（上海）	PFCA	/	8 000	9 000	10 000	12 000	16 000	/
壹圆 Yuan	1984（上海）	PFUC	8 000	9 000	10 000	11 000	15 000	20 000	/
壹圆 Yuan	1985	PF	/	6 500	7 000	8 500	12 000	23 000	/
壹圆 Yuan	1985	PFCA	6 000	7 500	9 000	11 000	18 000	29 000	/
壹圆 Yuan	1985	PFUC	/	/	/	/	/	/	/
壹圆 Yuan	1986	PF	/	/	/	120 000	/	/	/
壹圆 Yuan	1986	PFCA	/	/	/	150 000	/	/	/
壹圆 Yuan	1986	PFUC	/	/	/	/	/	/	/

第四套人民币硬币 *Coins in the Fourth Series of RMB*

第四套人民币硬币，收藏界习惯上亦称第三套流通硬币或老三花币，自1991年开始生产，1992年6月1日发行，面值有1元、5角和1角，正面图案均为国徽、国号和年号，背面图案为大家喜爱的牡丹、梅花、菊花花卉图案和面值，其中1元面值为牡丹花，因此收藏界把这套流通币俗称牡丹币或老三花。

第四套人民币硬币数据

面值 *Face value*	1元 Yuan	5角 5 Jiao	1角 Jiao
材质 *Metal*	钢芯镀镍 Nickel bonded steel	铜锌合金 Copper zinc alloy	铝镁合金 Aluminum magnesium alloy
重量 *Weight* (g)	6.05	3.8	2.2
直径 *Diameter* (mm)	25	20.5	22.5
厚度 *Thickness* (mm)	1.85	1.65	2.4

第四套流通硬币1元和1角，共发行10个年份，5角发行11个年份，总共制造发行31种，可细分64个版别（品种、版别及编号见书后的编号总表）。

下面为有代表性的展示图片。

1 1991年

C1a

C1b

C1c

C2a

C2b

C2c

C3a

C3b

C3c

❷1992年

C4a

C4b

C5a

C5b

C6a

C6b

❸1993—1996年 这4个年份每年的精制币的精美度都相似，所以只展示一个年份的图片。

C7a

C7b

C8a

C8b

C9a

C9b

④1997—2000年 这4个年份每年的精制币的精美度都相似，所以只展示一个年份的图片。

C19a

C19b

C20a

C20b

C21a

C21b

本套硬币的普币正在流通，因此本书不予报价，套币一般是整套交易，因此不再对单枚进行报价。

第五套人民币硬币 *Coins in the Fifth Series of RMB*

一、第五套人民币硬币1999版 *The 1999 Year Version*

第五套人民币硬币1999版，收藏界习惯上亦称第四套流通硬币或新三花币，1元和1角从1999年开始生产，2000年10月16日开始发行，5角从2002年开始生产，2002年11月18日开始发行。2005年8月31日，开始发行不锈钢材质的1角硬币，同时停止生产铝合金材质一角（品种、版别及编号见书后的编号总表）。1元硬币，采用了边缘滚字工艺，增加了防伪功能。

本套硬币的正面图案均为行名、面值和年号，背面图案为菊花、荷花和兰花花卉图案和面值。

第五套人民币硬币 1999 版数据

面值 *Face value*	1元 Yuan	5角 5 Jiao	1角 Jiao	1角 Jiao
材质 *Metal*	钢芯镀镍 Nickel bonded steel	钢芯镀铜合金 Steel plated with copper alloy	铝合金 Aluminum alloy	不锈钢 Stainless steel
重量 *Weight* (g)	6.05	3.8	1.15	3.2
直径 *Diameter* (mm)	25	20.5	19	19
厚度 *Thickness* (mm)	1.85	1.65	1.65	1.65

由于样币只做首发年份，所以新三花样币中的1元和1角为1999年，5角为2002年。由于这套硬币除了1角于2018年5月1日停止流通以外，5角和1元仍在流通，比较常见，所以本书只展示1999年1元、1角，2002年5角和2005年1角的图片。

D1a

D1c

D2a

D2c

D8a

D8c

D17

二、第五套人民币硬币2019版 *The 2019 Year Version*

2019年8月30日，中国人民银行开始发行第五套人民币硬币2019版，面值不变，为1元、5角、1角，调整了正面面额的数字造型，背面花卉图案适当收缩。1元硬币的直径由25毫米调整到22.25毫米，5角材质由钢芯镀铜改为钢芯镀镍。

第五套人民币硬币 2019 版数据

面值 *Face value*	1元 Yuan	5角 5 Jiao	1角 Jiao
材质 *Metal*	钢芯镀镍 Nickel bonded steel	钢芯镀镍 Nickel bonded steel	不锈钢 Stainless steel
直径 *Diameter* (mm)	22.25	20.5	19

E1

E2

E3

未发行硬币呈样 *Unissued Pattern*

在“文革”期间，我国曾经设计了一些货币样稿，印制了一些上呈样币，由于“文革”期间的特殊原因，未正式发行，近年在北京的拍卖会偶尔出现，逐步引起了收藏者的注意，成为中国现代流通硬币的博物馆级藏品。

1968年7月16日，中国人民银行向国务院报送《关于新版人民币的方向初稿》，这是第一次方案，该方案谈的都是纸币的设计，未提及硬币。

1969年4月8日，中国人民银行第二次上报关于新版人民币设计稿和硬币样品的请示，上报了1969年版革命圣地硬分币方案，未见回复。

1975年11月18日，财政部（中国人民银行与财政部于1969年合并）向国务院上报关于设计、印制新版人民币的报告，硬分币有“工农学”和“农作物”两套方案。

① **1969年版革命圣地硬分币呈样** 有两组设计稿，面值为1分、2分、5分，每组三枚，铝合金材质，主要区别是一组年号在正面，另一组年号在背面，图案设计也略有差异。

第一组，正面图案与现在流通的硬分币基本相同，年号“1969”，背面图案：1分为井冈山、2分为延安宝塔山、5分为北京天安门，背景均为放光芒线条，下方为面值。1分币边为五角星，2分币边刻有“兵民是胜利之本”文字，5分刻有“用毛泽东思想统帅一切”文字。

S1 S2 S3

第二组与第一组设计风格相同，图案略有差异，年号写在背面，币边滚字相同。工艺有三点不同，一是第一组天安门左右两侧的“中华人民共和国万岁 世界人民大团结万岁”字迹清楚，第二组字迹不清楚；二是币边工艺不同，第一组先滚边后压印，第二组先压印后滚边；三是第一组底纹为平面，第二组底纹靠近边缘为凹面。

由于两组呈样的设计图案不同，属于不同钱币品种，所以单独编号。

S10 S11 S12

❷ 1975年版工农学硬分币呈样 有两组设计稿，面值为1分、2分、5分，每组三枚，铝合金材质，币边为齿边，直径分别为18毫米、21毫米、24毫米，主要区别是正面图案不同，年号所在的正背面不同，背面设计图案有差异。

第一组，正面中央图案均为天安门，图案上方是“中华人民共和国”国号，下方是年号和麦穗齿轮；背面图案，1分为红小兵，2分为女社员，5分为钢铁工人。图案右下方是阿拉伯数字的面值，左上方是用汉语拼音书写的面值。此套呈样设计主题明确，具有鲜明的时代气息。

S4　　S5　　S6

第二组，正面中央图案均为国徽，不是天安门，下方没有年号，年号放到了背面。背面图案，1分为红小兵，2分为女社员，5分为钢铁工人，三枚背面图案与第一组比较均存在差异，图案下方是年号和面值，左上方是用汉语拼音书写的面值。

由于两组呈样的设计图案不同，属于不同品种钱币，所以单独编号。

S13　　S14　　S15

❸ 1975年版农作物硬分币呈样 有两组设计稿，面值为1分、2分、5分，每组三枚，铝合金材质，币边为齿边。主要区别是正面图案不同，年号所在的正背面不同，背面设计图案有差异。

第一组，正面图案与流通硬分币相同，“中华人民共和国”采用简体，而非繁体；背面图案，1分为大豆、水坝；2分为棉花、工厂；5分为麦穗、拖拉机。

面值“壹分”、“贰分”、“伍分”置于图案中央位置，在中文大写面值上方、农作物下方写有阿拉伯数字面值。

S7　　S8　　S9

第二组，正面图案为天安门，图案上方是“中华人民共和国”国号，下方是年号和麦穗齿轮，正面无年号。背面图案与第一组内容相同，图案设计有差异，下方有年号。

本组呈样尚未公开露面，暂缺图。

以上六套上呈样币的品种及其编号如下：

品名	1分	2分	5分
1969年革命圣地币	S1	S2	S3
1975年工农学币	S4	S5	S6
1975年农作物币	S7	S8	S9
1969年革命圣地币第二组	S10	S11	S12
1975年工农学币第二组	S13	S14	S15
1975年农作物币第二组	S16	S17	S18

这六套未发行硬币，均产自“文化大革命”时期，均上报到国务院，属于标准的上呈样币，具有鲜明的时代烙印，不仅是钱币珍品，还是难得的“文革”文物，极其珍贵。

④ 其他设计稿　除了1969年和1975年的正式上报以外，造币厂还设计试制了多种样稿，上报到印制局，印制局是否上报到总行，总行是否上报到国务院，不得而知。

1968年，做了三套试样，年份大部分写1969，个别写1968或不写，于1968年11月上报印制局，这个时间已经过了第一次上报国务院的时间。第二次上报由于已经有了成熟的三枚一套的革命圣地币，同时再报这些设计稿的可能性不大。

1970年还做了一套试样，上报到什么层次暂不清楚。

（1）毛泽东像铝铜硬分币试样

本套试样共8枚，1分面值1枚、5分面值7枚，制作于1968年，币的年号1枚为1968、4枚为1969，其余3枚无年号。材质分铝合金和紫铜两种，共8种图案，每种图案分铝质和铜质两个版别，由于铝、铜两个版别的图案完全相同，只是材料不同，所以铝币和铜币相同图案不单独编号，只作版别区分，共16种版别。本套钱币的设计图案一面采用毛泽东像图案，一面采用革命圣地图案，两面均不固定，有7枚将国号写在毛泽东像一面，所以将毛泽东像一面统一命名为正面。革命圣地图案变化更为丰富，为便于区分，所以钱币以革命圣地图案命名。

1分韶山红太阳，正面图案为毛泽东青年像，刊国号；背面为韶山红太阳，无年号，面值壹分。编号：铝币S19c1，铜币S19c2。

S19c1

S19c2

5分韶山，正面图案为毛泽东青年像，刊国号；背面为韶山，上方刻“韶山日出东方红”，无年号，面值伍分。编号：铝币S20c1，铜币S20c2。

S20c1

S20c2

5分南湖船之一，正面图案为毛泽东青年像（衣领下可见胸部），刊国号；是唯一一枚国号刻于头像上方的币。背面南湖船，年号1969，面值伍分。编号：铝币S21c1，铜币S21c2。

S21c1

S21c2

5分南湖船之二，正面图案为毛泽东青年侧面像，刊国号；背面南湖船，年号1969，面值伍分。编号：铝币S22c1，铜币S22c2。

S22c1

S22c2

5分遵义会址，正面为毛泽东八角帽像，刊国号；背面图案为遵义会议会址，年号1969，面值伍分。编号：铝币S23c1，铜币S23c2。

S23c1

S23c2

5分延安，正面为毛泽东中年像，右向七分脸，刊国号；背面为延安宝塔山，上方刻毛主席语录“一面学习，一面生产，克服困难，敌人丧胆”，年号1968，面值伍分。编号：铝币S24c1，铜币S24c2。

S24c1

S24c2

5分天安门，正面为毛泽东老年侧面像；背面为天安门、国号，年号1969，面值伍分。这是唯一一枚国号不在毛泽东像面的币。编号：铝币S25c1，铜币S25c2。

S25c1

S25c2

5分大会堂，正面为毛泽东老年像，刊国号；背面为人民大会堂，上方刻毛主席语录“要扫除一切害人虫，全无敌”，无年号，面值伍分。编号：铝币S26c1，铜币S26c2。

S26c1

S26c2

本套试样，有明显的设计试验性质，表现在：面值只有1分、5分，没有2分，1分1枚，5分7枚，不是一套；1分和5分直径相同，不符合常规；有的国号写毛泽东像一面，有的写革命圣地一面，有的写在上方，有的写在下方；有年号1968，有1969，还有无年号的，1968写在右侧，1969写在下方，年号位置不统一。以上种种迹象表明这套钱币是设计初稿，不够成熟。

毛泽东像铝铜硬分币的品种及其编号如下：

品名	铝币	铜币
1分 韶山红太阳	S19c1	S19c2
5分 韶山	S20c1	S20c2
5分 南湖船有胸	S21c1	S21c2
5分 南湖船无胸	S22c1	S22c2
5分 遵义会址	S23c1	S23c2
5分 延安	S24c1	S24c2
5分 天安门	S25c1	S25c2
5分 大会堂	S26c1	S26c2

（2）毛泽东像白黄硬分币试样

本套试样共4枚，1分2枚，2分、5分各一枚，年号均为1969，1968年生产。直径分别为1分20毫米、2分23毫米、5分26毫米，略大于流通的硬分币。本套钱币设计元素一面为不同的革命圣地，一面为不同时期的毛泽东像，上方“伟大导师、伟大领袖、伟大统帅、伟大舵手”，下方“毛主席万岁”，由于国号在革命圣地一面，故把革命圣地一面命名为正面，正面同时有面值和年号。革命圣地图案变化更为丰富，所以钱币以革命圣地图案命名。

本套硬币材质为铝合金，有本色为白色、表面电化铝为黄色两个版别。图案完全相同，所以白色和黄色以版别区分。全套4种8个版别。黄色版别尚未公开露面，暂缺图。

1分东方轮，正面图案为东方轮，红旗上写“大海航行靠舵手，干革命靠毛泽东思想”；背面图案为毛泽东晚年像（双耳），光边。编号为白色S27c1，黄色S27c2。

S27c1

1分遵义会址，背面图案为毛泽东八角帽像，光边。编号为白色S28c1，黄色S28c2。

S28c1

2分宝塔山，背面图案为晚年毛泽东像，币边阴文滚字为中华人民共和国的拼音。编号为白色S29c1，黄色S29c2。

S29c1

5分北京天安门，背面图案为毛泽东戴军帽像，币边阴文滚字为“大海航行靠舵手　干革命靠毛泽东思想”。编号为白色S30c1，黄色S30c2。

S30c1

从本套试样的设计来看，比上一套白红试样要成熟很多，但正面图案不固定，两枚1分币，仍为初设阶段。

毛泽东像白黄硬分币的品种及其编号如下：

品名	白币	黄币
1分 东方轮	S27c1	S27c2
1分 遵义会址	S28c1	S28c2
2分 宝塔山	S29c1	S29c2
5分 天安门	S30c1	S30c2

(3) 红太阳白黄硬分币试样

本套试样的设计风格与前一套毛泽东白黄试样极为相似。共4枚，1分2枚，2分、5分各一枚，年号均为1969，1968年生产。直径分别为1分20毫米、2分23毫米、5分26毫米，略大于流通的硬分币。本套钱币设计图案一面为不同的革命圣地，一面为不同形式的红太阳，上方“伟大导师、伟大领袖、伟大统帅、伟大舵手”，下方“毛主席万岁”，由于国号在革命圣地一面，故把革命圣地一面命名为正面，正面同时有面值和年号。革命圣地图案变化更为丰富，所以钱币以革命圣地图案命名。

本套试样材质为铝合金，有本色为白色、表面电化铝为黄色两个版别。图案完全相同，所以白色和黄色以版别区分。全套4种8个版别。本套试样尚未公开露面，暂缺图。

1分东方轮，正面图案为东方轮、红旗；背面图案为天安门上太阳升，光边。编号为白色S31c1，黄色S31c2。

1分天安门，正面图案为斜侧面的天安门；背面图案为葵花向太阳，光边。编号为白色S32c1，黄色S32c2。

2分宝塔山，正面图案为延安宝塔山、延河大桥；背面图案为葵花向太阳，币边滚字为中华人民共和国的拼音。编号为白色S33c1，黄色S33c2。

5分天安门，正面图案为北京天安门、北京三面红旗、红太阳；背面图案为葵花向太阳，币边阴文滚字为“大海航行靠舵手 干革命靠毛泽东思想”。编号为白色S34c1，黄色S34c2。

从本套试样的设计来看，与上一套毛泽东白黄试样风格相似，正面图案不固定，两枚使用天安门的不同图片，两枚1分币，仍为初设阶段。

红太阳白黄硬分币的品种及其编号如下：

品名	白币	黄币
1分 东方轮	S31c1	S31c2
1分 天安门	S32c1	S32c2
2分 宝塔山	S33c1	S33c2
5分 天安门	S34c1	S34c2

(4) 1970年革命圣地硬分币试样

本套试样的设计风格与1969年革命圣地币极为相似，年号均为1970。生产后没有上报迹象。正面图案均为国徽，背面图案1分为井冈山，齿边；2分延安宝塔山，齿边；5分天安门，币边滚字五角星。编号分别为S35，S36，S37。

本套试样尚未公开露面，暂缺图。

1970年革命圣地硬分币的品种及其编号如下：

品名	1分	2分	5分
1970年革命圣地币	S35	S36	S37

1989 CHINA YUAN
40TH REPUBLIC ANNIVERSARY
PF 69 ULTRA CAMEO
3831885-005
NUMISMATIC GUARANTY CORPORATION
NGC®
中华人民共和国成立四十周年
1949－1989

下篇

中国现代流通硬币 普通纪念币 标准目录

Circulating Commemorative Coins

中国人民银行发行的纪念币分为两类，普通纪念币和贵金属纪念币。普通纪念币以铜、镍、锌、铝、镁、铁等普通金属及其合金为材料，发行的目的一是流通，二是宣传纪念主题，一般由中国人民银行组织设计，图稿经中央政治局常委审核后才能发行，其发行量计入当年货币发行总量；贵金属纪念币以金、银、铂、钯等贵金属为材料，发行的目的主要是收藏和馈赠，一般由金币总公司组织设计，图稿由中国人民银行审核，遇到重大题材须由国务院有关部门审核，其发行量不计入当年货币发行总量。因此，普通纪念币与贵金属纪念币有本质的区别。

普通纪念币的收藏价值完全由货币本身的历史价值、文化价值、欣赏价值等决定，和本身的材料价值无关，由于属于流通币，在商品流通中充当一般等价物功能，每一枚币都将留下历史的脚印。普通纪念币除了具有流通币的价值以外，还有纪念、宣传主题的功能，因此具有极高的历史价值和文化价值，必将在中国货币发展史上占有重要的地位！

本篇以实物研究为先导，结合造币厂、造币总公司、中国人民银行的各种书籍、文件资料，对已发行的普通纪念币进行分析、推理，按照普制币、精制币、普制样币、精制样币四个基本版别加以研究，并对同一基本版别，由于工作模不同而造成纪念币有明显差异时，再在版别上加以细分。

普制币是参与流通的主体，具有广泛的群众基础，收藏者都很熟悉，收藏难度不大，一般现代钱币书籍中都有详细的介绍，所以普制币不是本书的重点，只作简单介绍，用来和其他版别作对比。

精制币也属于流通币，在中国人民银行的货币发行计划之内，由于中国人民银行公告的纪念币发行量是普制币和精制币的总和，所以精制币不单独公告。精制币既可以流通，也可以收藏。实际上有些早期精制币就有流通过的痕迹，存在不同程度的磨损。精制币和普制币虽然产品规格、图案、化学成分等主要技术参数相同，但它们系采用不同模具生产，其工作模图纹底面抛光后镀硬铬，浮雕面采用能够充分体现浮雕结构、层次及透视关系的喷砂工艺处理；坯饼采用逐枚手工抛光处理；产品压印采用单枚多次压印；成品表面质量和单枚质量进行逐枚检查；产品包装采用单枚包装（装帧）方式。由于精制币特殊的生产工艺，使生产出的硬币明暗对比强烈，图文清晰饱满，具有精美的钱币艺术效果。

精制币产量少，早期精制币主要作礼品用，基本没有公开发行，也没有做过宣传，所以当时的收藏者中很少有人知道我国制造过精制币。2004年中国人民银行网站发表了一篇《如何识别普通纪念币中的普制币和精制币》的文章以后，精制币才逐步引起了藏家和币商的重视。精制普通纪念币因为品种丰富，制作精美，数量稀少，越来越受到收藏者欢迎。因而本书将作重点介绍。

精制币都是经过装帧的，而且有不同的装帧方式，市场上存在整卷或整盒的精制裸币，是由于1997年邮市高潮时，普制币的价格高于精制币，整卷整盒的普制币价格更高，更便于交易，导致大量装帧精制币被拆掉原包装，打卷装盒所致。研究精制币的包装有助于全面了解精制币的发行状况，本篇将介绍精制币的常见包装。

普制样币是特别制造的由中国人民银行和各商业银行存档的样品币，是银行系统的工作币，主要用作人民币反假的对照币，虽有面值，但是不能参与流通。后来中国人民银行发现有样币流入民间，在钱币收藏市场出现样币买卖情况，影响金融秩序，就将样币收回，由中国人民银行中心支行以上级别统一管理，下级人行或商业银行如有需要，可以借用，但手续非常严格。样币进入收藏，丰富了流通纪念币的内容，但由于数量少，价格高，收藏难度很大。样币的制造数量一般在15 000 ～ 20 000套，有些数量在3 000套左右或者更少。样币的管理随着时间的推移，越来越严格，能接触到样币的人越来越少，所以造成早期样币收藏相对容易，后期样币收藏难的现状，特别是2005年以后生产的样币难得一见。

精制样币从时间上可分为早期精制样币和后期精制样币。早期精制样币都有对应的普制样币，普制样币为工作币，精制样币为礼品币。后期精制样币没有对应的普制样币，说明中国人民银行并没有将后期精制样币列为生产计划，只是造币厂制造出了精制效果，所以后期精制样币的用途只是工作币。无论早期的还是后期的，精制样币的数量都极少，对于收藏者来说极为难得，笔者只收集到十余个品种，作为一个版别介绍。本书为方便起见，把普制样币简称为样币，这也是收藏者的普遍习惯，精制样币就不简称了。

1980年冬奥铜币、1980年中国奥委会铜币、1982年世界杯铜币、1983年熊猫铜币、1984年熊猫铜币和1985年熊猫铜币，虽然使用的材料均为铜锌合金，面值都是1元，但从发行目的、发行程序上属于贵金属币，其发行量也未列入当年货币发行总量，因此本书未收录这6套12枚非流通纪念铜币。

早期普通纪念币 *Early Circulating Commemorative Coins*

收藏者习惯上把1995年“金丝猴”及以前的纪念币称作早期普通纪念币，1996年“朱德”及以后的纪念币称作后期普通纪念币。

早期精制币的装帧单位较多，装帧的形式也多种多样，本书将介绍目前所发现的正宗包装，有利于对早期精制币的全面研究。

样币除了“35周年”以外都有制造，一般是在币的正面镌有“样币”字样，但也有例外。《沈阳造币厂图志》谈到“六运会”样币制造了20 000套，市场也发现有装帧的“六运会”样币，在包装上印有“样币”字样，但币上却没有这两个字，和普制币没有区别。“西藏”、“广西”和“建行”样币在币的正、反面都镌有“样币”字样。样币的包装比较统一，除了“和平年”样币以外都是硬塑料板装，一般包装的正面印有中国人民银行，背面印有纪念币的名称，只有“六运会”、“宁夏”、“宋庆龄”和“金丝猴”例外，下面有具体介绍。这一时期中国人民银行对样币缺乏有效的管理，使得部分样币流入民间，不同品种流出的数量不同，“大熊猫”样币和“金丝猴”样币极为少见。

早期精制样币目前发现“建党”、“女足”、“宪法”、“宋庆龄”、“大熊猫”和“毛泽东”六个品种，极为珍稀。这六套纪念币均有普制样币，非常巧合的是前两套没有制作精制币，后四套制作的精制币其精美度很差，因此推测，早期精制样币的用途不是工作币，而是中国人民银行总行礼品币，因此具有特殊的收藏价值。

早期纪念币的品种、版别及编号见书后编号总表。

一、中华人民共和国成立三十五周年（三十五周年） *35th Anniversary of PRC (PRC 35th Ann.)*

材质 *Metal*	重量 *Weight*(g)	直径 *Diameter*(mm)	面值 *Face Value*	发行量 *Mintage*	发行时间 *Release Time*	制造厂家 *Mint*
铜镍合金 Copper nickel alloy	9.32	30	1+1+1	209.2万 2.09 million	1984. 10. 1 Oct. 1, 1984	上海造币厂，沈阳造币厂 Shanghai Mint, Shenyang Mint

由于该套纪念币由上海和沈阳两家造币厂生产，每家造币厂又生产精制和普制两种版别，所以共发现有4个版别。

上海版普制币和沈阳版普制币的主要区别是：① 年号“4”写法区别。上海版“4”所圈成的内部空间大，沈阳版空间小；② 颜色区别。上海版偏白，沈阳版偏黑；③ 币边区别。上海版为圆弧边，沈阳版为直角边；④“大典”币的正面区别。上海版的六条礼花弧形线较短，沈阳版较长；⑤“大典”币的背面区别。上海版最右侧的“z”型云彩较短，沈阳版较长。还有很多细微区别，在这里不再多说。

上海版精制币和沈阳版精制币的主要区别与两厂的普制币区别基本相同，但币边都是直角边。

该币的发行量有两个版本，中国人民银行网站的发行数量是2 041万枚，还有一些资料是3枚分开标注：“大典”209.2万枚；“大团结”879.3万枚；“祖国万岁”906.3万枚。两组数字的总量出现明显差异。

造币总公司1984年7月下达精制币生产计划，计划生产数量15万套，其中上海造币厂5万套，沈阳造币厂10万套。不知是出了什么问题，1984年8月25日造币公司调整了计划，只让上币厂生产3万套，到底上币厂最后实际生产多少，目前查不到官方资料。《沈阳造币厂图志》标明沈币厂生产数量为423 492枚，折合14万多套，接近了两厂全部的计划量，由此推测上币厂生产得很少。

1 上海版普制币

市场上出售的基本都是这个版别，参考价630元。

J1a1

J3a1

J2a1

❷ 沈阳版普制币

这个版别由于颜色偏黑，所以不受欢迎，但市场很少见，《沈阳造币厂图志》标明产量为613.6万枚，是三枚的总量。参考价630元。

J1a2

J3a2

J2a2

❸ 上海版精制币

上海版精制币于2007年4月才首次露面数十套，起初价格只有三四百元，和沈阳版价格相当，但当5月份被部分藏家确认为独立版别以后，价格开始了跳跃式上涨。小珍，精美度5级，参考价90 000元。

J1b1

J3b1

J2b1

上海版“35周年”

4 沈阳版精制币

J1b2

J3b2

J2b2

《沈阳造币厂图志》标明产量423 492枚，精美度4级，所见有3类包装。

(1) 3枚硬塑料板装，中国人民银行发行，较多，参考价1 900元。

“35周年”硬塑料板装

（2）纸卡装“开国大典”分白色和浅粉色两种，硬塑料板分蓝底和红底两种，中国人民银行发行，较多，参考价1 900元。

白色纸卡装“开国大典”

浅粉色纸卡装“开国大典”

蓝底硬塑料板装“大团结”、“祖国万岁”

注：纸卡加塑料板装还有一种装帧方式，就是国徽面朝外，感觉是把币翻过来装帧，最近几年在现代钱币网钱币论坛进行了充分的讨论，有多种意见，笔者观察这种装帧方式中的币略有不同，工艺介于沈阳版精制与普制之间，有的接近精制币，有的接近普制币，定义为半精制币较为合理，由于脱离包装以后较难界定，故本书暂时不分版别。

红底硬塑料板装“祖国万岁”、“大团结”

（3）三枚邮币封，北京市邮票公司发行，编号B-P.N.C.J.105，较多，参考价1 900元。

单枚装邮币封

二、庆祝西藏自治区成立20周年（老西藏*） *20th Anniversary of the Tibetan Autonomous Region (Tibetan Autonomous 20th Ann.)*

材质 Metal	重量 Weight (g)	直径 Diameter (mm)	面值 Face Value	发行量 Mintage	发行时间 Release Time	制造厂家 Mint
铜镍合金 Copper nickel alloy	9.32	30	1	261.2万 2.612 million	1985. 9. 1 Sept. 1, 1985	上海造币厂 Shanghai Mint

1 普制币 有两个版别，一种为普通版，一种为直角边版。

（1）普通版，参考价300元。

J4a1

（2）直角边版，计划产量5 000枚，推测实际制造3 000枚，带原塑封，最初目的是和银币配套发行，参考价2 500元。

J4a2

直角边“老西藏”

*注：收藏者对此币的俗称，以对应2001年发行、俗称的“新西藏”（西藏和平解放50周年）纪念币。

❷ 精制币 有两个版别，使用不同的包装。两个版别分别定义为礼品装和精制币银币套装，除了包装不同以外，币存在明显差异。

(1) 精制币银币套装。包装为外纸套，黑漆烫金字木盒，订货人由于对带塑封的直角边老西藏不满意才配的这个版别，与银币一起装帧，证书为英文，有编号。中国造币总公司装帧。装帧量3 000套，稀少。此币的镜面一般都有闪光性损坏，精美度4级，参考价20 000元/套，单枚精制币13 000元。

此包装“老西藏”精制币在铜镍合金精制币中是最重的，也是最厚的，笔者曾对两枚精制币进行了称重，分别达到10.48克和10.52克。

J4b1

“老西藏”精制币、银币套装

(2) 礼品装。包装为黄色花纹外纸盒，内木盒，币的镜面没有闪光性损坏，正面国徽喷砂较淡。重量较轻，一般在9.2 ~ 9.3克之间，厚度明显偏薄，币缘较宽、规则，向币的中心倾斜。一说产量只有200枚，其数量待考。精美度5级，小珍，参考价60 000元/枚。

J4b2

“老西藏”礼品装

③ 普制样币 币的正、背面均镌有“样币”字样，产量10 000枚，参考价18 500元。

J4c

“老西藏”样币

三、新疆维吾尔自治区成立30周年（新疆） *30th Anniversary of the Xinjiang Uygur Autonomous Region (Xinjiang)*

材质 Metal	重量 Weight (g)	直径 Diameter (mm)	面值 Face Value	发行量 Mintage	发行时间 Release Time	制造厂家 Mint
铜镍合金 Copper nickel alloy	9.32	30	1	450万 4.5 million	1985. 10. 1 Oct. 1. 1985	上海造币厂 Shanghai Mint

1 普制币 参考价120元。

J5a

2 精制币 包装为浅豆绿色外纸盒，黑漆烫金字木盒，与银币一起装帧，证书为英文，无编号。中国造币总公司装帧。装帧量1 400套，稀少。和西藏精制币一样，新疆精制币保存下来的较多，但隐性货源较少。该精制币很多都存在轻微氧化现象，表现为颜色发黄，精美度4级。

“新疆”精制套装

新疆精制币有两个版别，主要区别在于币的背面三只羊头的喷砂，一种三只羊头大面积喷砂，显得最上面那只羊较肥，简称肥羊版，参考价31 000元/套，单枚精制币23 000元；另一种最上面两只羊脖子之间无喷砂，显得最上面那只羊较瘦，简称瘦羊版，参考价26 000元/套，单枚精制币18 000元，两个版别的正面图案也有区别，山的形状不同。

J5b1

J5b2

③ 普制样币　产量10 000枚，参考价12 800元。

J5c

四、国际和平年（和平年） *Year of Peace(Year of Peace)*

材质 *Metal*	重量 *Weight(g)*	直径 *Diameter(mm)*	面值 *Face Value*	发行量 *Mintage*	发行时间 *Release Time*	制造厂家 *Mint*
铜镍合金 Copper nickel alloy	9.32	30	1	2 704.8万 27.048 million	1986. 9. 20 Sept. 20. 1986	上海造币厂 Shanghai Mint

1 普制币 参考价21元。

J6a

2 精制币 分为3个版别，3个版别存在明显差异，主要区别在少女胳膊上鸽子的肥瘦。在包装上有塑封包装和塑料册子包装，一般塑封包装保存得都比较好，塑料册子包装由于不密封，所以都存在均匀的氧化现象，颜色发灰。

（1）肥鸽版。此币的特征为少女左胳膊上的鸽子较肥，和胳膊相连，参考价15 000元/套。

J6b1

（2）瘦鸽版。此币的特征为少女左胳膊上的鸽子较瘦，和胳膊不相连，有间隙，参考价18 000元/套。

J6b2

（3）薄喷砂版。此币的特征为少女左胳膊上的鸽子较瘦，和胳膊不相连，有间隙，鸽子及“和平”两字喷砂均较薄，参考价35 000元/套。

J6b3

❸ 包装 目前所见，精制“和平年”有多种包装。

（1）小圆盒塑封包装。肥鸽版和薄喷砂版都有这种包装，无氧化，稀少，精美度5级。

“和平年”精制肥鸽版

“和平年”精制薄喷砂版

（2）塑料册套币包装。肥鸽版和瘦鸽版都有这种包装，发现有3种颜色，分别为枣红色、蓝色、绿色，打开后里面都相同，两张英文说明书，中国人民银行发行，由于包装没有塑封，所以都存在轻微氧化现象，形成明显的灰色氧化层，但氧化很均匀，能清楚地看到喷砂和抛光的明暗对比。这层氧化层可以当作保护膜，建议收藏者不要去除氧化层。每种包装都含有两枚精制币，数量均不多见，稀少，精美度4级。

（3）样币装。棕色塑料册套币包装，中国人民银行发行，中文说明书。精美度4级。

“和平年”精制币样币装

4 样币　包装同精制币包装（3），产量12 000册（24 000枚），参考价单枚5 000元。

J6c

"和平年"样币

五、内蒙古自治区成立四十周年（内蒙古） *40th Anniversary of the Inner Mongolian Autonomous Region (Inner Mongolia)*

材质 *Metal*	重量 *Weight (g)*	直径 *Diameter (mm)*	面值 *Face Value*	发行量 *Mintage*	发行时间 *Release Time*	制造厂家 *Mint*
铜镍合金 Copper nickel alloy	9.32	30	1	905.4万 9.054 million	1987. 7. 30 Jul. 30. 1987	沈阳造币厂 Shenyang Mint

1 普制币　产量905.4万枚，参考价54元。

J7a

❷ 精制币 包装为硬透明塑料盒，外有塑封，沈阳造币厂装帧，无证书，产量2 000枚，大珍，此币在早期精制币中最为精美，名气很大，关注度极高，精美度5级，参考价16万元。

J7b

❸ 普制样币 产量15 000枚，参考价6 500元。

J7c

六、中华人民共和国第六届运动会（六运会） *6th National Games(National Games)*

材质 *Metal*	重量 *Weight (g)*	直径 *Diameter (mm)*	面值 *Face Value*	发行量 *Mintage*	发行时间 *Release Time*	制造厂家 *Mint*
铜锌合金 Copper zinc alloy	2.62	20	0.1×3	351万 3.51million	1987. 11. 20 Nov. 20. 1987	沈阳造币厂 Shenyang Mint

这套币是唯一面值为一角的纪念币，未发现精制币。

❶ 普制币　参考价660元。

J8

J9

J10

❷ 样币　产量20 000套，币无“样币”字样，只是在包装上有“样币”字样，和普制没有区别，参考价1 000元。

七、宁夏回族自治区成立三十周年（宁夏） *30th Anniversary of the Ningxia Hui Autonomous Region(Ningxia)*

材质 *Metal*	重量 *Weight (g)*	直径 *Diameter (mm)*	面值 *Face Value*	发行量 *Mintage*	发行时间 *Release Time*	制造厂家 *Mint*
铜镍合金 Copper nickel alloy	9.32	30	1	156万 1.56million	1988.9.20 Sept. 20.1988	沈阳造币厂 Shenyang Mint

此币在纪念币中生产数量最少，未发现精制币。

1 普制币　参考价950元。

J11a

❷ 样币 包装上只有一面印字，有的是把纪念币名称和中国人民银行印在一面，有的只印纪念币名称。参考价11 000元。

J11c

八、广西壮族自治区成立三十周年（广西） *30th Anniversary of the Guangxi Zhuang Autonomous Region(Guangxi)*

材质 *Metal*	重量 *Weight (g)*	直径 *Diameter (mm)*	面值 *Face Value*	发行量 *Mintage*	发行时间 *Release Time*	制造厂家 *Mint*
铜镍合金 Copper nickel alloy	9.32	30	1	407.2万 4.072million	1988. 12. 1 Dec. 1. 1988	上海造币厂 Shanghai Mint

此币未发现精制币。

1 普制币　参考价78元。

J12a

2 样币　币的正、背面均镌有“样币”字样。产量15 000枚，参考价9 500元。

J12c

九、中国人民银行成立四十周年（建行） *40th Anniversary of the People's Bank of China(People's Bank)*

材质 *Metal*	重量 *Weight(g)*	直径 *Diameter(mm)*	面值 *Face Value*	发行量 *Mintage*	发行时间 *Release Time*	制造厂家 *Mint*
铜镍合金 Copper nickel alloy	9.32	30	1	206.8万 2.068million	1988. 12. 1 Dec. 1. 1988	上海造币厂 Shanghai Mint

① 普制币 分散最好的普制币，参考价3 200元。

J13a

② 精制币 包装为白外纸盒，硬塑料盒，有托架，中国人民银行中英文说明书，在2005年以前精制币的价格低于普制币，所以很多精制币被拆掉包装配成册子，带包装的数量较少，生产量20 000枚，精美度5级，参考价8 000元。

J13b

中国现代流通硬币标准目录·下篇 普通纪念币

③ 样币　币的正、反面均铸有“样币”字样，生产量15 000枚，参考价19 000元。

J13c

十、中华人民共和国成立四十周年（大40）　*40th Anniversary of PRC(PRC 40th Ann.)*

材质 *Metal*	重量 *Weight*(g)	直径 *Diameter*(mm)	面值 *Face Value*	发行量 *Mintage*	发行时间 *Release Time*	制造厂家 *Mint*
铜镍合金 Copper nickel alloy	9.32	30	1	2 100万 21 million	1989. 9. 28 Sept. 28.1989	沈阳造币厂 Shenyang Mint

① 普制币　参考价37元。

J14a

② 精制币　2006年以前，只出现过精制裸币，并在2006年北京邮票钱币博览会上作了展出，2007年才发现有包装和证书的精制币，并在2007年北京国际钱币博览会上作了公开展出，极其珍贵，产量1 000枚，分散极好，带包装全品相更少，精美度5级，大珍，参考价27.5万元。

J14b

精制“40周年”

③ 样币　产量15 000枚，参考价19 000元。

J14c

十一、第十一届亚洲运动会（亚运会） *11th Asian Games(Asian Games)*

材质 *Metal*	重量 *Weight (g)*	直径 *Diameter (mm)*	面值 *Face Value*	发行量 *Mintage*	发行时间 *Release Time*	制造厂家 *Mint*
钢芯镀镍 Copper nickel alloy	8.5	30	1+1	1 280.4万 12.804 million	1990.8.22 Aug. 22. 1990	上海造币厂 Shanghai Mint

①普制币　参考价40元。

J15a

J16a

②精制币　产量20 000套，精美度3级。

包装为塑盒加外纸盒封套，中国人民银行发行，外包装印有说明书。参考价2 200元/套。据说有一种全塑精包装，数量在精制币总产量20 000套之内，至今未见实物。

J15b

J16b

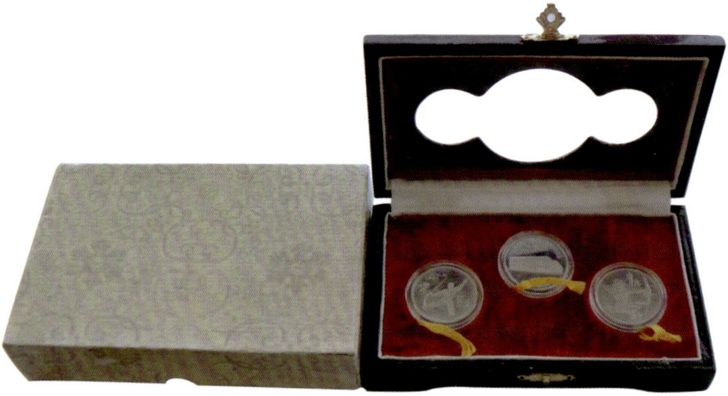

3 样币 产量15 000套，参考价6 000元/套。

J15c

J16c

十二、全国义务植树运动十周年（植树节） *Chinese Arbor Day (Chinese Arbor Day)*

材质 *Metal*	重量 *Weight* (g)	直径 *Diameter* (mm)	面值 *Face Value*	发行量 *Mintage*	发行时间 *Release Time*	制造厂家 *Mint*
钢芯镀镍 Nickel-bonded steel	5.88	25	1+1+1	1 000万 10 million	1991.3.2 Mar. 2. 1991	上海造币厂 Shanghai Mint

1 普制币 参考价27元。

J17a　　J18a　　J19a

2 精制币 包装为烫金白色纸外盒，绿绒内盒，附中国人民银行中英文说明书。产量4 000套，精美度3级，参考价18 000元。

J17b　　J18b　　J19b

❸ 样币 产量16 000套，参考价7 500元。

J17c

J18c

J19c

十三、中国共产党成立七十周年（建党） *70th Anniversary of the Chinese Communist Party(CCP 70th Ann.)*

材质 *Metal*	重量 *Weight (g)*	直径 *Diameter (mm)*	面值 *Face Value*	发行量 *Mintage*	发行时间 *Release Time*	制造厂家 *Mint*
钢芯镀镍 Nickel-bonded steel	5.88	25	1+1+1	3 000万 30 million	1991. 6. 18 Jun.18.1991	上海造币厂 Shanghai Mint

❶ 普制币 参考价24元。

J20a

J21a

J22a

②精制币 至今未见。

③样币 产量16 000套，参考价6 600元。

J20c

J21c

J22c

④精制样币 包装为烫金白色纸外盒，红绒内盒，附中国人民银行中英文说明书。由于未见精制币，所以精制样币成为精制币爱好者搜寻的目标。产量1 000套，精美度5级，大珍。参考价21万元。

J20d

J21d

J22d

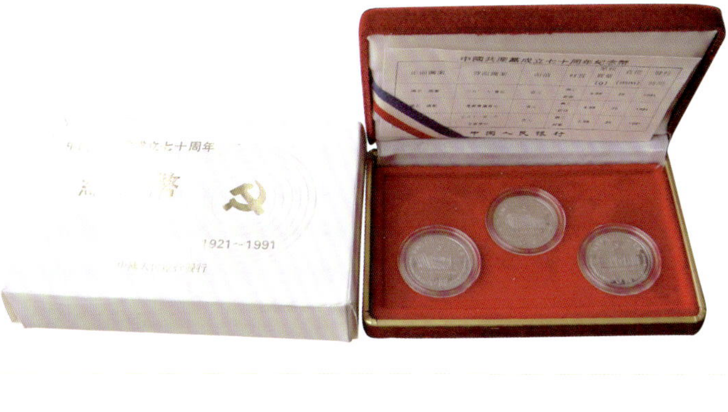

十四、第一届世界女子足球锦标赛（女足） *1st Women's World Cup (Women's World Cup)*

材质 *Metal*	重量 *Weight*(g)	直径 *Diameter*(mm)	面值 *Face Value*	发行量 *Mintage*	发行时间 *Release Time*	制造厂家 *Mint*
钢芯镀镍 Nickel-bonded steel	5.88	25	1+1	1 000万 10 million	1991. 11. 1 Nov. 1. 1991	上海造币厂 Shanghai Mint

1 普制币 参考价28元。

J23a J24a

2 精制币 至今未见。

3 样币 产量16 000套，市场所见数量比建党明显偏多，参考价6 000元。

J23c J24c

4 精制样币 包装为绿字白色纸外盒，蓝绒内盒，附中国人民银行中英文说明书。由于未见精制币，所以精制样币成为精制币爱好者搜寻的目标，包装、证书和“建党”相似。产量1 000套，精美度3级，踢球币总体比扑球币工艺稍好，大珍。参考价13.6万元。

J23d

J24d

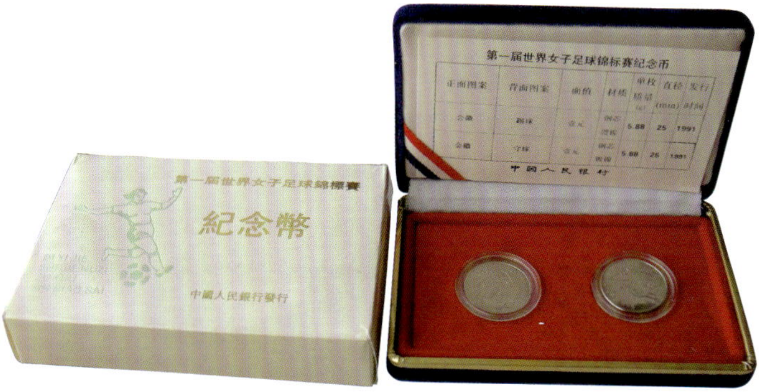

十五、中华人民共和国宪法颁布十周年（宪法） *10th Anniversary of Constitution(Constitution)*

材质 *Metal*	重量 *Weight (g)*	直径 *Diameter (mm)*	面值 *Face Value*	发行量 *Mintage*	发行时间 *Release Time*	制造厂家 *Mint*
钢芯镀镍 Nickel-bonded steel	6.05	25	1	1 000万 10 million	1992. 11. 27 Nov. 27. 1992	上海造币厂 Shanghai Mint

1 普制币 参考价24元。

J25a

2 精制币 所见有多种包装，总装帧量为16万枚，较多。精美度2级，参考价100元。

J25b

(1) 白色外纸盒，国徽起凸，塑料内盒，中国人民银行发行，包装印有说明书。

(2) 白色外纸盒，中国人民银行行徽起凸，塑料内盒带托架，中国人民银行授权中国印钞造币总公司制造，编号：序15-精-B-1。包装印有说明书。

(3) 白色纸外盒，红绒内盒，中国人民银行授权中国印钞造币总公司制造，编号：精A-1 序15。附中英文证书。

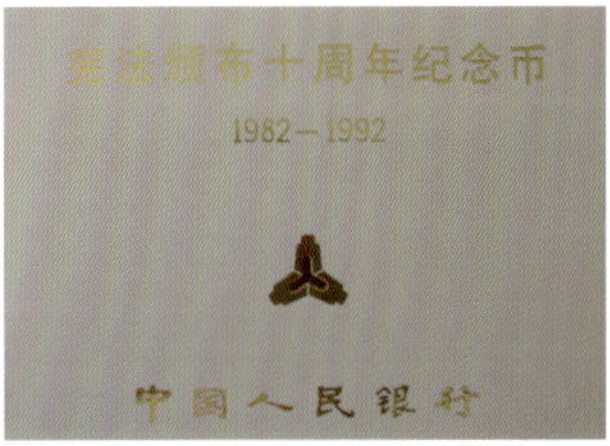

（4）包装和证书基本同第三种，不同点是黄色金属条镶内盒口，球面有机玻璃保护盒。

❸ 半精制币　计划产量7万，实际产量6万，精美度2级，只有镜面没有喷砂，其包装多见于精制币包装的第一种、第三种和第四种。参考价180元。

J25b2

❹ 样币　产量16 000枚，参考价5 000元。

J25c

5 精制样币 由于有对应的精制币收藏，所以目前精制币收藏爱好者对其关注度并不高。产量1 000枚，精美度5级，大珍。参考价16万元。

J25d

十六、宋庆龄诞辰100周年（宋庆龄） *100th Anniversary of Song Qingling(Song Qingling)*

材质 *Metal*	重量 *Weight* (g)	直径 *Diameter* (mm)	面值 *Face Value*	发行量 *Mintage*	发行时间 *Release Time*	制造厂家 *Mint*
钢芯镀镍 Nickel-bonded steel	6.05	25	1	1 044.8万 10.448 million	1993. 1. 16 Jan. 16.1993	上海造币厂 Shanghai Mint

❶普制币 参考价40元。

J26a

❷精制币 所见有多种包装，总装帧量为25万枚，精美度2级。

J26b

（1）纸卡装。东方钱币有限公司装帧。编号：93-1。较多，参考价150元。

（2）白色外纸盒，宋庆龄头像起凸，塑料内盒，中国人民银行发行，包装印有说明书，较多，参考价120元。

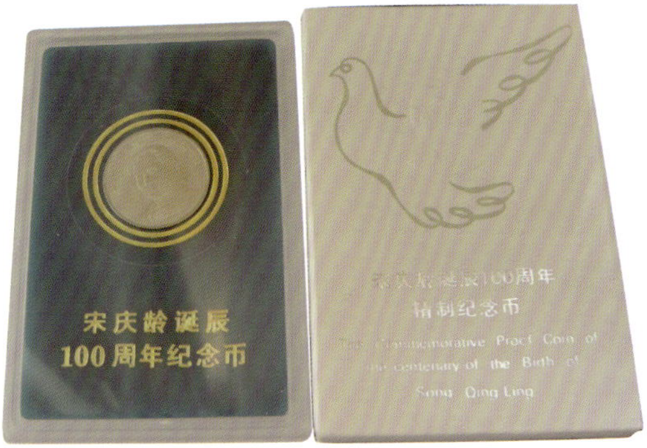

(3) 白色纸外盒，红绒内盒。中国人民银行授权中国印钞造币总公司制造。编号：精B-2 序16。中英文证书，证书有编号，较多，参考价120元。

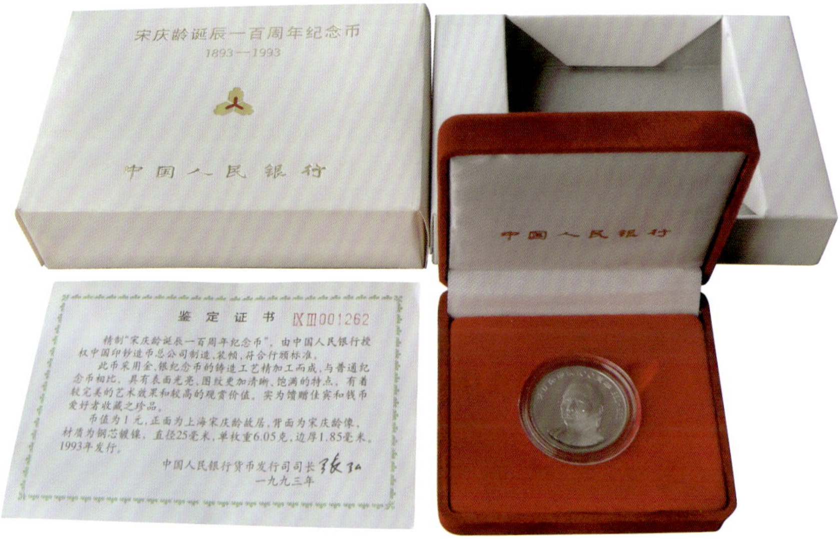

(4) 白色纸外盒，红塑料内盒。中国人民银行授权中国印钞造币总公司制造。编号：精B-2 序16。较多，参考价120元。

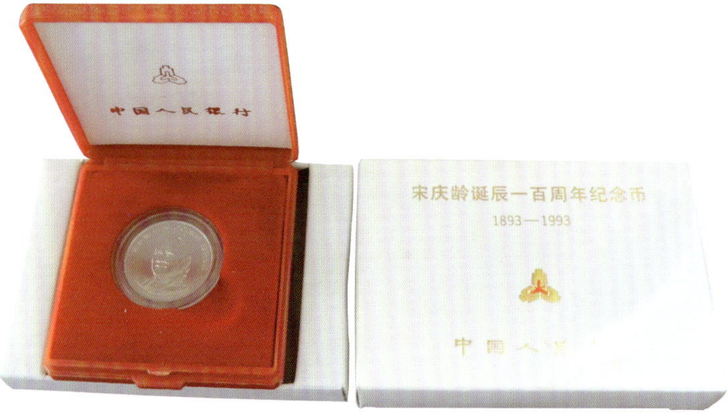

（5）礼品装，彩色图案绿纸外盒，蓝绒内盒，中国人民银行发行，上海造币厂制造，有中英文证书，证书无编号，稀少。

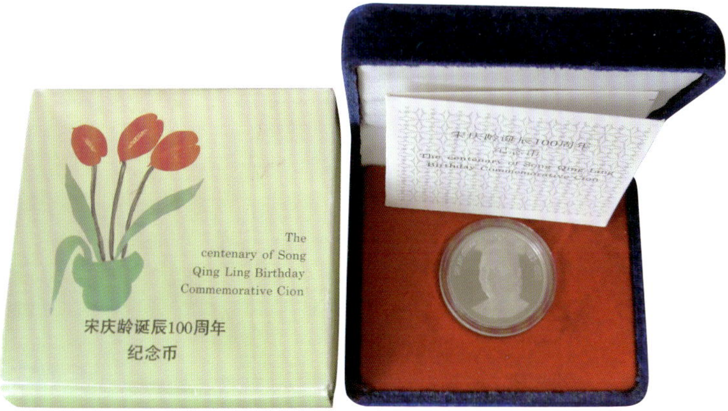

③ 半精制币 产量20万枚，精美度2级，只有镜面没有喷砂，包装多见于精制币包装的第四种，参考价170元。

J26b2

4 样币 包装上印有“中国人民银行发行”，样币是不公开发行的，不知为何在包装上印有“发行”二字。产量16 000枚，参考价5 000元。

J26c

5 精制样币 包装、证书同礼品装，由于有对应的精制币收藏，所以目前精制币收藏爱好者对其关注度并不高。产量2 000枚，精美度5级，小珍。参考价12万元。

J26d

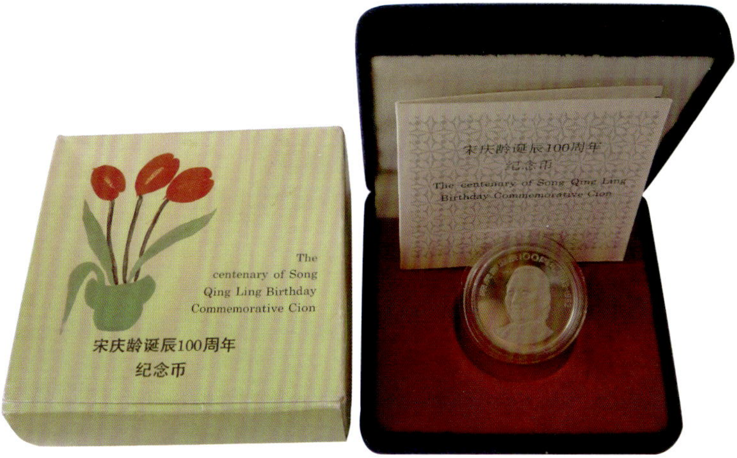

十七、中国珍稀野生动物——大熊猫（大熊猫） *Giant Panda (Giant Panda)*

材质 *Metal*	重量 *Weight (g)*	直径 *Diameter (mm)*	面值 *Face Value*	发行量 *Mintage*	发行时间 *Release Time*	制造厂家 *Mint*
紫铜合金 Copper alloy	13.5	32	5	600万 6 million	1993.6.15 Jun. 15. 1993	沈阳造币厂 Shenyang Mint

❶ **普制币**　产量200万枚，参考价120元。

J27a

❷ **精制币**　产量400万枚，原计划装帧春夏秋冬四种纸卡装，但前三种装帧完后，其裸币市场价格已被炒高，中国人民银行没再给中国金币总公司装帧。实际只有春夏秋三种纸卡装和礼品装。本精制币产量最大，精美度不一，从2～4级都有，以2、3级为多，4级精制程度的极为罕见，礼品装大熊猫为4级，有时裸币中也能找到。

J27b1

(1) 纸卡装。熊猫春季牡丹卡，中国金币总公司装帧。编号：T. K95-1-A300000。较多，参考价260元。

熊猫夏季荷花卡，中国金币总公司装帧，编号：T. K95-1-A200000，由中国长城硬币投资有限公司海外总经销。较多，参考价270元。

熊猫秋季菊花卡，中国金币总公司装帧，编号：T. K95-1-C200000。由中国长城硬币投资有限公司海外总经销。较多，参考价300元。

（2）礼品装。烫金字白色纸外盒，有“精制”二字，深蓝绒内盒，小绿纸卡装帧，附中国人民银行中英文说明书，精美度4级，稀少，参考价7 500元。

J27b2

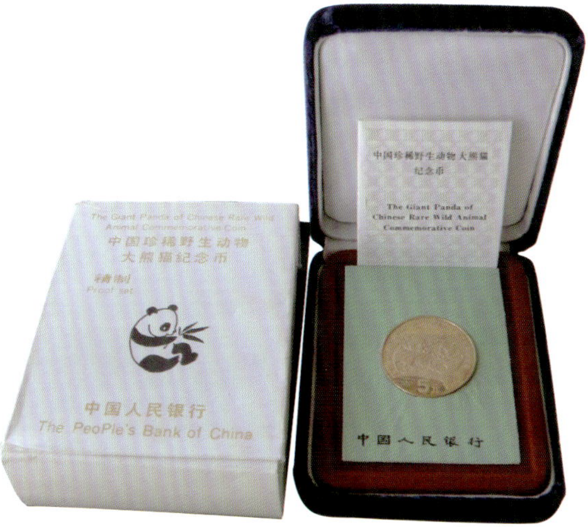

3 样币 产量3 000枚，参考价78 000元。

J27c

4 精制样币 包装、证书同礼品装，由于有对应的精制币收藏，所以目前精制币收藏爱好者对其关注度并不高。产量1 000枚，精美度5级，大珍。参考价24.5万元。

J27d

十八、毛泽东诞辰100周年（毛泽东） *100th Anniversary of Mao Zedong(Mao Zedong)*

材质 *Metal*	重量 *Weight* (g)	直径 *Diameter* (mm)	面值 *Face Value*	发行量 *Mintage*	发行时间 *Release Time*	制造厂家 *Mint*
钢芯镀镍 Nickel-bonded steel	6.05	25	1	2 000万 20 million	1993. 12. 26 Dec. 26. 1993	上海造币厂 Shanghai Mint

首次使用边缘滚字新工艺。

1 普制币 参考价32元。

J28a

2 精制币 所见有多种包装，总装帧量为25万枚，精美度2级。

J28b

（1）纸卡装，沈阳造币厂装帧，编号93-3。装帧量10万枚，较多，参考价140元。

（2）白色外纸盒，毛泽东头像起凸，塑料内盒带有托架。中国金币总公司装帧，较多，参考价120元。

（3）白色外纸盒，塑料内盒带有托架。中国印钞造币总公司制造，编号：精B-3序17。外纸盒印有说明书，较多，参考价120元。

（4）白色纸外盒，红绒内盒。中国印钞造币总公司制造，编号：精A-3序17。附中英文证书，证书有编号，较多，参考价120元。

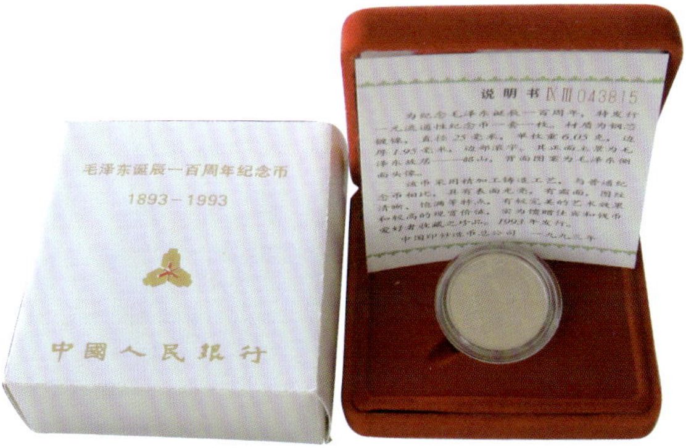

（5）礼品装。白色纸外盒，毛泽东头像起凸，红绒内盒，附中国人民银行证书，证书没有编号。较少。

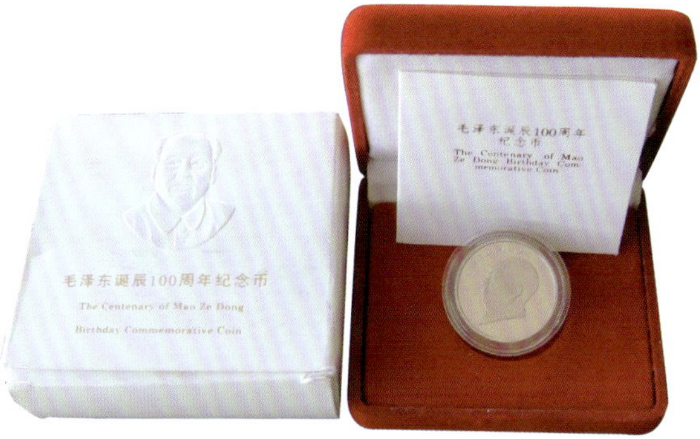

❸ 样币　产量16 000枚，参考价6 000元。

J28c

④ 精制样币 2014年在北京马甸面世，与生产时间相距21年，由此推断大部分精制样币仍在总行仓库，流入民间极少。产量1 000枚，精美度2级，大珍。参考价28万元。

J28d

十九、“希望工程”实施五周年(希望工程) *Project Hope(Project Hope)*

材质 *Metal*	重量 *Weight (g)*	直径 *Diameter (mm)*	面值 *Face Value*	发行量 *Mintage*	发行时间 *Release Time*	制造厂家 *Mint*
钢芯镀镍 Nickel-bonded steel	6.05	25	1	2 000万 20 million	1994. 10. 26 Oct. 26. 1994	上海造币厂 Shanghai Mint

① 普制币 参考价14元。

J29a

② 精制币 精美度5级。

J29b

所见有两种包装。

（1）纸卡装。中国钱币博物馆及香港收藏家协会联合装帧，于1995年12月18日在香港发行，证书有中国人民银行货币金银司司长签名，发行量20 000枚，有独立编号，但笔者从未见过超过10 000号的证书，证书号码也未见重复，所以推测公开发行的数量是10 000枚。较少，参考价1 700元。

（2）礼品装。白色纸外盒，蓝绒内盒，附中国人民银行证书，证书没有编号。装帧量1 000枚，稀少。

❸样币 产量16 000枚。参考价5 500元。

J29c

二十、第43届世界乒乓球锦标赛（世乒赛） *43rd World Championship of Table Tennis(Table Tennis)*

材质 *Metal*	重量 *Weight* (g)	直径 *Diameter* (mm)	面值 *Face Value*	发行量 *Mintage*	发行时间 *Release Time*	制造厂家 *Mint*
钢芯镀镍 Nickel-bonded steel	6.05	25	1	1 000万 10 million	1995. 4. 26 Apr. 26. 1995	上海造币厂 Shanghai Mint

1 普制币 参考价22元。

J30a

2 精制币 计划产量22 000枚，实际生产量不大于此数量，精美度5级。

J30b

所见有两种包装，三种证书。

（1）白色纸外盒，绿绒内盒。中国人民银行发行，中国钱币博物馆装帧，中英文证书，有编号，推测装帧量不超过10 000枚。参考价700元。

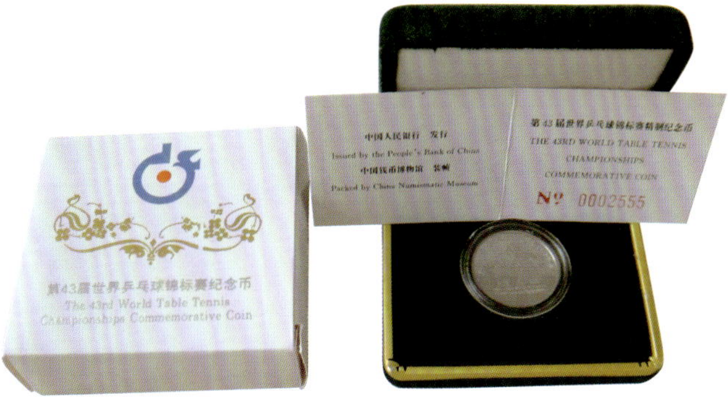

（2）白色纸外盒，绿绒内盒。中国人民银行发行，第43届世乒赛组委会装帧，附中英文证书，有编号，推测装帧量10 000枚。由于这种包装是组委会赠送参赛运动员和教练员等的纪念品，分散极好，市场少见，较少。参考价800元。

（3）礼品装，纸外盒附膜，颜色偏绿，幻彩字体，绿绒内盒，附中国人民银行中英文证书，没有编号，装帧量为2 000枚。市场少见，稀少。

3 样币 产量16 000枚，参考价6 000元。

J30c

二十一、中国抗日战争和世界反法西斯战争胜利五十周年（抗战） *50th Anniversary of Defeating Fascism & Japan(Defeat of Fascism & Japan)*

材质 *Metal*	重量 *Weight* (g)	直径 *Diameter* (mm)	面值 *Face Value*	发行量 *Mintage*	发行时间 *Release Time*	制造厂家 *Mint*
钢芯镀镍 Nickel-bonded steel	6.05	25	1	1 000万 10 million	1995. 8. 31 Aug. 31. 1995	上海造币厂 Shanghai Mint

❶ 普制币 参考价27元。

J31a

❷ 精制币 白色纸外盒，图案烫金，字体烫银，虎皮黄色绒内盒，中国人民银行发行，附中英文证书，无编号。产量2 000枚，精美度5级，小珍。参考价11万元。

J31b

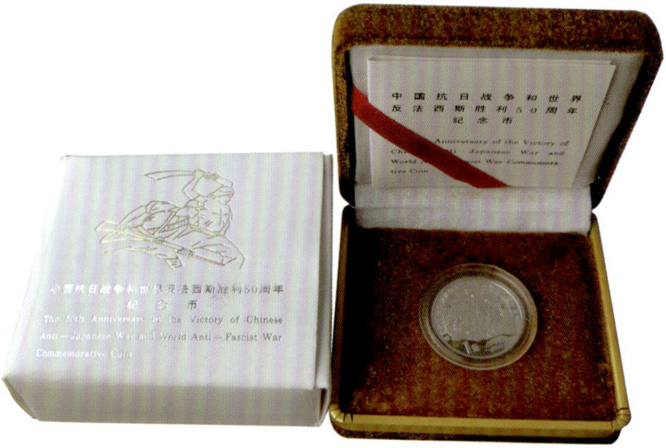

③ 样币　产量16 000枚，参考价8 000元。

J31c

二十二、联合国第四次世界妇女大会（世妇会） *4th UN Women's Conference(Women's Conference)*

材质 *Metal*	重量 *Weight* (g)	直径 *Diameter* (mm)	面值 *Face Value*	发行量 *Mintage*	发行时间 *Release Time*	制造厂家 *Mint*
钢芯镀镍 Nickel-bonded steel	6.05	25	1	1 000万 10 million	1995. 8. 31 Aug. 31. 1995	上海造币厂 Shanghai Mint

1 普制币 参考价16元。

J32a

2 精制币 白色纸外盒，图案烫金，字体烫银，玫瑰红色绒内盒，中国人民银行发行，附中英文证书，无编号。产量2 000枚，精美度5级，小珍。参考价9.5万元。

J32b

3 样币 产量16 000枚，参考价8 000元。

J32c

二十三、联合国成立五十周年（联合国） *50th Anniversary of United Nations (United Nations)*

材质 *Metal*	重量 *Weight* (g)	直径 *Diameter* (mm)	面值 *Face Value*	发行量 *Mintage*	发行时间 *Release Time*	制造厂家 *Mint*
钢芯镀镍 Nickel-bonded steel	6.05	25	1	1 000万 10 million	1995.10.20 Oct. 20. 1995	上海造币厂 Shanghai Mint

❶ **普制币**　参考价16元。

J33a

❷ **精制币**　白色纸外盒，图案烫金，字体烫银，孔雀蓝色绒内盒，中国人民银行发行，附中英文证书，无编号。产量2 000枚，精美度5级，小珍。参考价11万元。

J33b

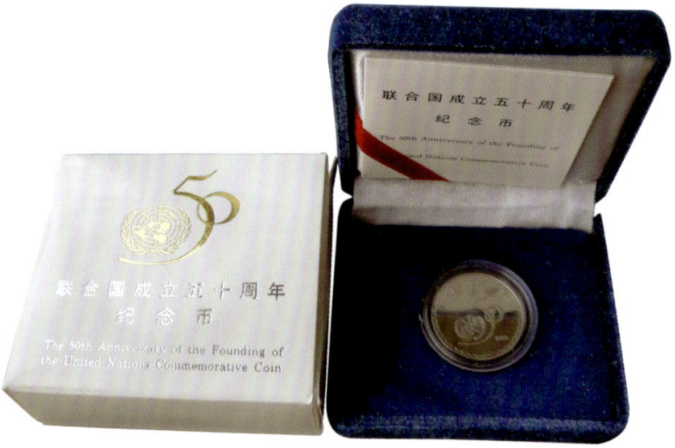

❸ **样币**　产量16 000枚，参考价8 000元。

J33c

二十四、中国珍稀野生动物——金丝猴（金丝猴） Golden Monkey (Golden Monkey)

材质 Metal	重量 Weight (g)	直径 Diameter (mm)	面值 Face Value	发行量 Mintage	发行时间 Release Time	制造厂家 Mint
紫铜合金 copper alloy	13.5	32	5	600万 6 million	1995. 11. 16 Nov. 16. 1995	沈阳造币厂 Shenyang Mint

❶ **普制币**　参考价83元。

J34a

❷ **精制币**　在紫铜合金精制币中最为精美，精美度5级。所见有两种包装。

（1）纸卡装。中国钱币学会装帧，装帧量20 000枚，编号95-5-1-1。参考价1 000元。

J34b1

（2）礼品装，烫金字白色纸外盒，有“精制”二字，深蓝绒内盒，长方形塑料盒装帧，附中国人民银行中英文说明书，精制程度比纸卡装高，精美之至。参考价20 000元。

J34b2

❸ **样币**　包装上印有“样币”字样。虽然有喷砂和抛光，比普通制要精制一些，但和精制币相比还差很多。产量3 000枚，参考价75 000元。

J34c

后期普通纪念币 *Late Circulating Commemorative Coins*

从1996年“朱德”纪念币开始的纪念币，统称为后期普通纪念币。这期间精制币统一由北京康银阁钱币有限公司装帧（以下简称康银阁），装帧样式比较统一，除了“辛亥革命”和“奥运”以外，都是纸卡装，从此，精制币开始大规模向国内收藏者销售，制造工艺比较稳定，精制程度比较高，有大量的精品出现，装帧的数量也比较固定，以20 000套为主，目前收藏难度不大。

康银阁装帧的精制币，其证书和包装表现了一定的灵活性。从1998年“褐马鸡”、“扬子鳄”才开始有康银阁证书，由中国人民银行货币金银局局长签发，从2002年“遗产一组”开始，证书由康银阁董事长签发。“朱德”、“周恩来”、“白鳍豚”、“华南虎”、“朱鹮”、“丹顶鹤”、“香港回归”、“遗产四组”没有证书。人物系列的前两枚和动物系列的前四枚有塑料封套，但人物系列的后三枚和动物系列的后四枚是纸封套。“遗产”第一、二、四组装帧卡是一种尺寸，而第三、五组是另一种尺寸。一般每枚币都是单独装帧，有封套，但“澳门回归”的两枚虽单独装帧，但两个卡使用一个封套，而“香港回归”和“环境保护”则干脆把两枚装帧在一个卡书里。“50周年”既有单独装帧的精制币，又有精制币连钞，而“新世纪”只有币连钞一种装帧。所有这些充分说明中国精制币仍在起步阶段，社会关注度不够，精制币的发行没有引起足够的重视。

出于需要，中国人民银行装帧了行长礼品装的精制币，数量一般是2 000 ~ 4 000套，目前绝大部分精制币品种的礼品装都有发现，但还有一些礼品装没有发现，所以本书只能介绍部分礼品装。但令人不解的是，动物礼品装精制币的精制程度明显高于对应的康银阁卡币，精美绝伦，让人爱不释手，因此，本书将动物礼品装作为一个版别介绍。礼品装精制币的包装都很精美，都有中国人民银行的证书，证书都没有编号，由于进入收藏领域的数量较少，所以收藏难度较大。从钱币收藏的角度讲，币相同包装不同，价格不应有太大的差别，但是礼品装是国家领导人或中国人民银行领导出访或接待用的礼品，国家礼品是无价的，对价格的理解因人而异，所以礼品装已经不单纯属于钱币收藏了，属于国家礼品收藏范畴。考虑到礼品装的收藏，已经超越了钱币本身的收藏，因此本书不再为礼品装标价。

后期样币统一在币的正面镌有“样币”字样，有些品种达到了精制效果，我们称之为精制样币，由于这些品种并未铸造普制样币，因此其用途仍为工作币。包装统一使用硬塑料板，大部分品种的包装盒的尺寸比早期样币包装大了一号，除了“政协”、“敦煌”等少数样币以外，其他后期样币在包装上都写有“样币”字样。这期间制造的样币受到中国人民银行的严格管理，市场难得一见，并出现如下大致规律：随着发行时间向后推移，收藏难度逐步变大。

后期普通纪念币品种、版别及编号见书后的编号总表。

二十五、朱德诞辰110周年(朱德) *110th Anniversary of Zhu De (Zhu De)*

材质 *Metal*	重量 *Weight (g)*	直径 *Diameter (mm)*	面值 *Face Value*	发行量 *Mintage*	发行时间 *Release Time*	制造厂家 *Mint*
钢芯镀镍 Nickel-bonded steel	6.05	25	1	1 000万 10 million	1996. 11. 27 Nov. 27. 1996	上海造币厂 Shanghai Mint

1 普制币 参考价40元。

J35a

2 精制币 产量24 000枚，精美度5级。

J35b

所见有两种包装。

(1) 纸卡装。装帧编号96-3-1-1，装帧量2万枚，无证书。20枚/包，280枚/箱。该币是康银阁公司成立以后装帧的首枚精制币，是后期精制币的龙头，由于经历1997年邮币卡高潮，是市场沉淀最好的后期精制币，参考价850元。

（2）礼品装。装帧量4 000枚，2006年此礼品装和部分动物礼品装在北京大钟寺收藏市场最先出现，附中国人民银行证书。此包装已见仿制，币为拆卡精制币，真品少见。

❸ 样币　产量16 000枚，参考价8 600元。

J35c

二十六、中国珍稀野生动物——白鳍豚、华南虎（白鳍豚、华南虎） *Chinese River Dolphin and Tiger (Baiji Dolphin and Tiger)*

材质 Metal	重量 Weight (g)	直径 Diameter (mm)	面值 Face Value	发行量 Mintage	发行时间 Release Time	制造厂家 Mint
紫铜合金 Copper alloy	13.5	32	5+5	600万 6 million	1996. 12. 18 Dec. 18, 1996	沈阳造币厂 Shenyang Mint

1 普制币 参考价56元/套。

J36a

J37a

2 精制币 所见有两种包装。

（1）纸卡装。白鳍豚装帧编号96-3-2-1，华南虎装帧编号96-3-3-1，装帧量2万套，无证书，10枚/包，200枚/箱，精美度4级，参考价1 000元/套。

J36b1

J37b1

(2) 礼品装。附中国人民银行证书，稀少，精美度5级，参考价30 000元/套。礼品装镜面感强烈，无车轮光。纸卡装车轮光明显。

J36b2

J37b2

(3) 缺石虎。在纸卡装中，有一种版别，石头的右下角缺少一块，精美度4级，参考价6 000元/枚。

3 精制样币 产量3 000套，精美度4级，参考价12万元/套。

J36d

J37d

二十七、庆祝中华人民共和国香港特别行政区成立（香港回归） *Celebrating the Founding of the Hong Kong Special Administration Region (Hong Kong)*

材质 *Metal*	重量 *Weight* (g)	直径 *Diameter* (mm)	面值 *Face Value*	发行量 *Mintage*	发行时间 *Release Time*	制造厂家 *Mint*
铜合金双色镶嵌 Bi-metal copper alloy	7.8	25.5	10+10	2 000万 20 million	1997. 7. 1 Jul. 1. 1997	沈阳造币厂 Shenyang Mint

1 普制币 参考价28元/套。

J38a

J39a

2 精制币

J38b

J39b

所见有3种包装。

(1) 纸卡装。装帧编号97-1-2，5套/包和10套/包两种，无证书，装帧量2万套，包装粗糙，部分币出现氧化现象，精美度参差不齐，2～4级，因此这个品种币商售价差别较大，常以质论价，参考价300元/套。

(2) 世界银行年会礼品装。蓝色纸外盒，蓝绒内盒，盒内烫金“1997年国际货币基金组织暨世界银行香港年会”字样，无证书。精美度3级，较少。

（3）世界银行年会高级礼品装。红色纸外盒，红绒内盒，盒内烫金“1997年国际货币基金组织暨世界银行香港年会”字样，盒内还嵌香港回归（第三组）精制银币一套及精制流通纪念币一套，有银币证书和整套的中英文证书。精美度4级，稀少。

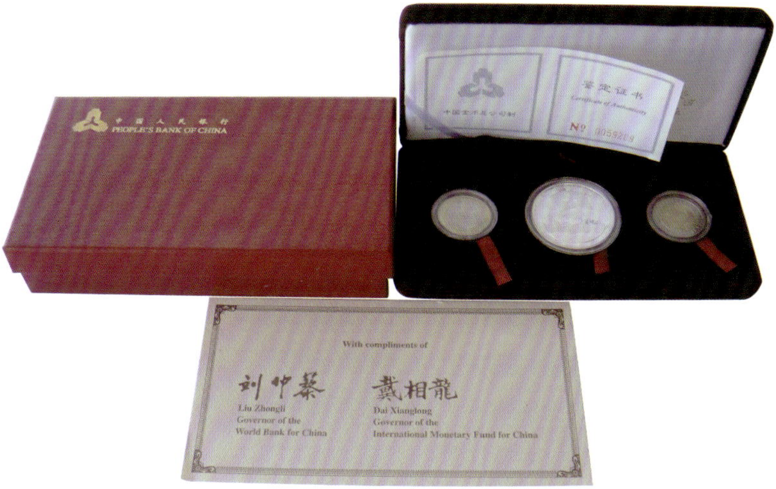

③ 样币　产量3 000套，参考价66 000元/套。

J38c

J39c

4 礼品装 红色纸外盒，枣红色塑料内盒，附中英文证书。

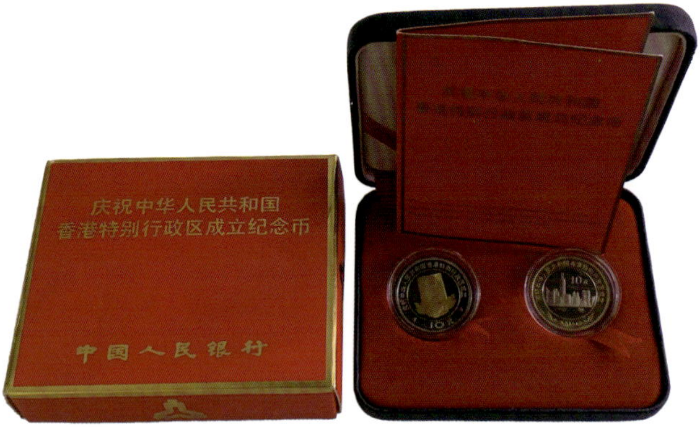

二十八、周恩来诞辰100周年（周恩来） *100th Anniversary of Zhou Enlai (Zhou Enlai)*

材质 Metal	重量 Weight (g)	直径 Diameter (mm)	面值 Face Value	发行量 Mintage	发行时间 Release Time	制造厂家 Mint
钢芯镀镍 Nickel-bonded steel	6.05	25	1	2 000万 20 million	1998. 3. 2 Mar. 2. 1998	上海造币厂 Shanghai Mint

1 普制币 参考价15元。

J40a

2 精制币 产量24 000枚，精美度5级。所见有2种包装。

J40b

（1）纸卡装。装帧编号98-1-1-1，无证书，装帧量2万枚，20枚/包，200枚/箱、280枚/箱、400枚/箱三种包装箱。参考价700元。

（2）礼品装。墨绿色纸外盒，墨绿色塑料内盒，附中英文证书。

3 样币 产量16 000套，参考价8 000元。

J40c

二十九、中国珍稀野生动物——朱鹮、丹顶鹤（朱鹮、丹顶鹤） *Crested Ibis and Red-Crowned Crane (Crested Ibis and Red-Crowned Crane)*

材质 Metal	重量 Weight (g)	直径 Diameter (mm)	面值 Face Value	发行量 Mintage	发行时间 Release Time	制造厂家 Mint
紫铜合金 Copper alloy	13.5	32	5+5	600万 6 million	1998. 6. 2 Jun. 2. 1998	沈阳造币厂 Shenyang Mint

❶ **普制币**　参考价38元/套。

J41a

J42a

❷ **精制币**　所见有两种包装。

(1) 纸卡装。"朱鹮"装帧编号98-2-1-1，"丹顶鹤"装帧编号98-3-1-1，无证书，装帧量2万套，10枚/包，200枚/箱，精美度4级，参考价860元/套。

J41b1

J42b1

(2) 礼品装。附中国人民银行证书，精美度5级，稀少，参考价30 000元/套。礼品装镜面感强烈，无车轮光。纸卡装车轮光明显。

J41b2

J42b2

③ **样币** 产量3 000套，参考价12万元/套。

J41c

J42c

三十、中国珍稀野生动物——褐马鸡、扬子鳄（褐马鸡、扬子鳄） *Brown-Eared Pheasant and Alligator (Brown-Eared Pheasant and Alligator)*

材质 *Metal*	重量 *Weight (g)*	直径 *Diameter (mm)*	面值 *Face Value*	发行量 *Mintage*	发行时间 *Release Time*	制造厂家 *Mint*
紫铜合金 Copper alloy	13.5	32	5+5	600万 6 million	1998. 10. 23 Oct. 23. 1998	沈阳造币厂 Shenyang Mint

1 普制币 参考价36元/套。

J43a

J44a

2 精制币 所见有两种包装。

(1) 纸卡装。“褐马鸡”装帧编号98-4-1-1，“扬子鳄”装帧编号98-5-1-1，附康银阁证书，由中国人民银行货币金银局局长签发。装帧量2万套。10枚/包，20枚/箱。精美度4级，参考价700元/套。

J43b1

J44b1

（2）礼品装。附中国人民银行证书，精美度5级，稀少，参考价20 000元。

J43b2

J44b2

③ 样币 产量3 000套，本套样币是动物样币中最为少见者，参考价10万元/套。

J43c

J44c

三十一、刘少奇诞辰100周年（刘少奇） *100th Anniversary of Liu Shaoqi (Liu Shaoqi)*

材质 Metal	重量 Weight (g)	直径 Diameter (mm)	面值 Face Value	发行量 Mintage	发行时间 Release Time	制造厂家 Mint
钢芯镀镍 Nickel-bonded steel	6.05	25	1	2 000万 20 million	1998. 11. 21 Nov. 21. 1998	上海造币厂 Shanghai Mint

1 普制币 参考价14元。

J45a

2 精制币 产量24 000枚。纸卡装。装帧编号98-6-1-1，附康银阁证书，由中国人民银行货币金银局局长签发。装帧量2万套。10枚/包，200枚/箱。精美度5级，参考价400元。

J45b

③ 样币 产量16 000枚，参考价6 500元。

J45c

三十二、中国珍稀野生动物——中华鲟、金斑喙凤蝶（中华鲟、金斑喙凤蝶） *Sturgeon and Butterfly (Sturgeon and Butterfly)*

材质 *Metal*	重量 *Weight* (g)	直径 *Diameter* (mm)	面值 *Face Value*	发行量 *Mintage*	发行时间 *Release Time*	制造厂家 *Mint*
紫铜合金 Copper alloy	13.5	32	5+5	600万 6 million	1999. 7. 15 Jul. 15. 1999	沈阳造币厂 Shenyang Mint

① 普制币 参考价36元/套。

J46a J47a

② 精制币 所见有两种包装。

(1) 纸卡装。“中华鲟”装帧编号99-1-2-2，“金斑喙凤蝶”装帧编号99-2-2-2，附康银阁证书，由中国人民银行货币金银局局长签发。装帧量2万套，精美度4级，参考价700元/套。

J46b1　　J47b1

（2）礼品装。精美度5级，塑封包装，未见正宗外包装，稀少，参考价20 000元/套。

J46b2　　J47b2

市场有一种类似“金丝猴”礼品装的包装，笔者在博客中专门写过分析文章，结论是存疑，币和卡币也没有区别。

③ **精制样币**　产量3 000枚，精美度5级，参考价10万元/套。

J46d

J47d

三十三、中国人民政治协商会议成立五十周年(政协) *50th Anniversary of CPPCC (CPPCC 50th Ann.)*

材质 *Metal*	重量 *Weight (g)*	直径 *Diameter (mm)*	面值 *Face Value*	发行量 *Mintage*	发行时间 *Release Time*	制造厂家 *Mint*
钢芯镀镍 Nickel-bonded steel	6.05	25 m	1	1 000万 10 million	1999. 9. 16 Sept. 16. 1999	上海造币厂 Shanghai Mint

1 普制币 参考价36元。

J48a

2 精制币 精美度5级。所见两种包装。

(1) 纸卡装。装帧编号1999-6-2-2，附康银阁证书，由中国人民银行货币金银局局长签发。装帧量2万套，参考价380元。

J48b

(2) 礼品装。白色外纸盒，绿色内盒，盒上印制金色政协会徽及相关文字，附中英文证书。

③ 样币 产量16 000枚，参考价23 000元。

J48c

三十四、中华人民共和国成立五十周年(50周年) *50th Anniversary of PRC (PRC 50th Ann.)*

材质 *Metal*	重量 *Weight* (g)	直径 *Diameter* (mm)	面值 *Face Value*	发行量 *Mintage*	发行时间 *Release Time*	制造厂家 *Mint*
铜合金双色镶嵌 Bi-metal copper alloy	7.8	25.5	10	1 000万 10 million	1999. 9. 20 Sept. 20. 1999	沈阳造币厂 Shenyang Mint

① 普制币 参考价37元。

J49a

②精制币 精美度4级。

J49b

所见有三种包装。

(1) 黄色纸卡装。装帧编号1999-10-2-2，有证书，装帧量2万枚，10枚/包，200枚/箱。参考价400元。

(2) 紫色币连钞纸卡装。装帧编号1999-11-2-2，证书编号同镶嵌在卡内的“中华人民共和国成立五十周年纪念钞”号码的后5位数字相同，纪念钞号段：J01000001~J01020000。装帧量2万枚，10枚/包。参考价750元/套。

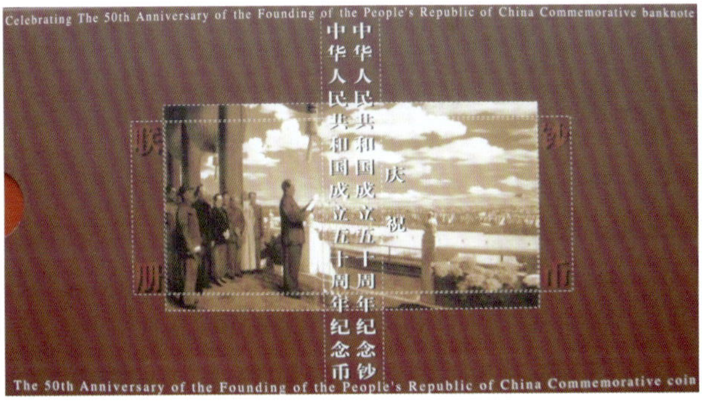

(3) 礼品装。红色外纸信封，内附紫红色纸卡，中间镶嵌精制纪念币一枚，附带中英文证书。

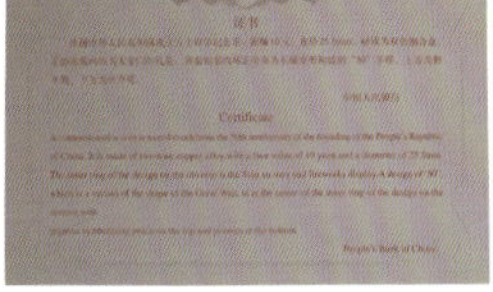

③ 精制样币　产量3 000枚，精美度4级，参考价85 000元。

J49d

中国人民银行同时发行庆祝中华人民共和国成立50周年纪念钞一枚，面值50元，材质为纸钞，发行量6 000万枚，参考价300元。

JC1

三十五、庆祝中华人民共和国澳门特别行政区成立(澳门回归) *Celebrating the Founding of Macao Special Administration Region (Macao)*

材质 *Metal*	重量 *Weight (g)*	直径 *Diameter (mm)*	面值 *Face Value*	发行量 *Mintage*	发行时间 *Release Time*	制造厂家 *Mint*
铜合金双色镶嵌 Bi-metal copper alloy	7.8	25.5	10+10	2 000万 20 million	1999. 12. 10 Dec. 10. 1999	沈阳造币厂 Shenyang Mint

1 普制币 参考价28元。

J50a

J51a

2 精制币 精美度5级。所见有两种包装。

(1) 纸卡装。装帧编号1999-13-2-2，附康银阁证书，由中国人民银行货币金银局局长签发。装帧量2万套。两卡共用一个封套，10套/包，200套/箱，参考价660元/套。

J50b

J51b

（2）礼品装。红色纸外盒，枣红色塑料内盒，附中英文证书。

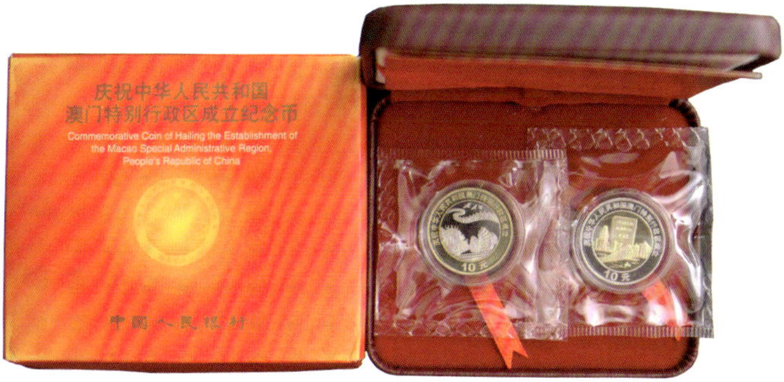

③ 精制样币　精美度5级，产量3 000套，参考价70 000元/套。

J50d

J51d

三十六、纪念敦煌藏经洞发现一百周年(敦煌) *100th Anniversary of Dunhuang Caves Discovery (Dunhuang Cave)*

材质 *Metal*	重量 *Weight* (g)	直径 *Diameter* (mm)	面值 *Face Value*	发行量 *Mintage*	发行时间 *Release Time*	制造厂家 *Mint*
钢芯镀镍 Nickel-bonded steel	6.05	25	1	1 000万 10 million	2000. 6. 30 Jun. 30. 2000	上海造币厂 Shanghai Mint

❶ **普制币**　币的边缘滚字图案是“人民币”汉语拼音的缩写“RMB”及一个五角星，共3组，把币的正面朝上，看币边，“RMB”有正字和反字两种随机出现的版式，从此以后，凡是币边滚有“RMB”的一元币都存在正字和反字两种版式。参考价26元。

J52a

❷ **精制币**　产量22 000枚，精美度5级。所见有两种包装。

（1）纸卡装。装帧编号2000-4-2-2，附康银阁证书，由中国人民银行货币金银局局长签发，装帧量2万套。10枚/包，200枚/箱。币的边缘滚字图案和普制币相同。敦煌精制币制造精美，包装典雅，深受藏家喜爱，参考价1 250元。

J52b

（2）礼品装。敦煌图案外纸封，内附纸卡。

3 样币 产量15 300枚，参考价40 000元。

J52c

三十七、迎接新世纪(新世纪) *Celebrating the New Millennium (Millennium)*

材质 Metal	重量 Weight (g)	直径 Diameter (mm)	面值 Face Value	发行量 Mintage	发行时间 Release Time	制造厂家 Mint
铜合金双色镶嵌 Bi-metal copper alloy	7.8	25.5	10	1 000万 10 million	2000. 11. 28 Nov. 28. 2000	沈阳造币厂 Shenyang Mint

1 普制币 参考价38元。

J53a

2 精制币 精美度4级。所见有两种包装。

(1) 纸卡装。装帧编号2000-6-2-2，有证书，证书编号同镶嵌在卡内的“迎接新世纪纪念钞”号码的后5位数字相同，纪念钞号段：J00300001~J00340000，装帧量4万枚，10枚/包，100枚/箱，参考价2 600元。

J53b

（2）礼品装。

❸ 精制样币 产量2 800枚，制造极其精美，图案线条飘动，时代气息浓郁，精美度5级，小珍，参考价90 000元。

J53d

中国人民银行同时发行迎接新世纪纪念钞一枚，面值100元，材质为塑料，发行量1 000万枚，参考价2 000元。

JC2

三十八、西藏和平解放五十周年(新西藏) *50th Anniversary of the Tibetan Autonomous Region (Tibetan Autonomy 50th Ann.)*

材质 *Metal*	重量 *Weight* (g)	直径 *Diameter* (mm)	面值 *Face Value*	发行量 *Mintage*	发行时间 *Release Time*	制造厂家 *Mint*
黄铜合金 Brass	12.8	30	5	1 000万 10 million	2001. 5. 23 May. 23. 2001	沈阳造币厂 Shenyang Mint

❶ **普制币** 有隐形图纹防伪，制造工艺有简单的喷砂和抛光，此后的普制币工艺得到大幅提升，参考价17元。

J54a

❷ **精制币** 精美度5级。所见有两种包装。

J54b

（1）纸卡装。装帧编号2001-2-2-2，附康银阁证书，由中国人民银行货币金银局局长签发，装帧量2万套。10枚/包和20枚/包两种。参考价400元。

（2）礼品装。纸外套，透明有机玻璃盖木盒，附中英文证书，无编号，稀少。

③ 样币 参考价50 000元。

J54c

三十九、辛亥革命90周年(辛亥革命) *90th Anniversary of the Xinhai Revolution (Revolution of 1911)*

材质 *Metal*	重量 *Weight* (g)	直径 *Diameter* (mm)	面值 *Face Value*	发行量 *Mintage*	发行时间 *Release Time*	制造厂家 *Mint*
黄铜合金 Brass	12.8	30	5	1 000万 10 million	2001. 9. 27 Sept. 27. 2001	沈阳造币厂 Shenyang Mint

① 普制币 有隐形图纹和微缩文字防伪，参考价17元。

J55a

② 精制币 正面制造工艺极为精美，背面一般，精美度4级，所见有两种包装。

J55b

(1) 纸盒装。目前康银阁装帧的两套非纸卡装精制币之一。装帧编号2001-6-4-2，康银阁证书，由中国人民银行货币金银局局长签发，装帧量2万枚。40盒/箱，由于体积较大，所以不方便交易和保存，参考价750元。

(2) 礼品装。纸外套，透明有机玻璃盖木盒，附中英文证书，无编号，稀少。

③ 样币 参考价50 000元。

J55c

四十、世界文化遗产——万里长城、秦始皇陵及兵马俑坑(长城、兵马俑) *The Great Wall and Terra Cotta Army (The Great Wall and Terra Cotta Army)*

材质 *Metal*	重量 *Weight* (g)	直径 *Diameter* (mm)	面值 *Face Value*	发行量 *Mintage*	发行时间 *Release Time*	制造厂家 *Mint*
黄铜合金 Brass	12.8	30	5+5	1 000万 10 million	2002. 10. 25 Oct. 25. 2002	沈阳造币厂 Shenyang Mint

❶ 普制币 参考价36元/套。

J56a

J57a

❷ 精制币 精美度4级。

J56b

J57b

所见有两种包装。

(1) 纸卡装。"长城"装帧编号2002-5-4-2，"兵马俑"装帧编号2002-6-3-2，装帧量2万套。此后的装帧卡证书都由康银阁公司董事长签发。10枚/包和15枚/包两种，200枚/箱。参考价1 200元/套。

(2) 礼品装。纸外套，透明有机玻璃盖木盒，附中英文证书，无编号。

3 样币 参考价80 000元/套。

J56c

J57c

四十一、2003年贺岁羊(羊) *2003 Year of the Ram (Ram)*

材质 *Metal*	重量 *Weight* (g)	直径 *Diameter* (mm)	面值 *Face Value*	发行量 *Mintage*	发行时间 *Release Time*	制造厂家 *Mint*
黄铜合金 Brass	6.75	25	1	1 000万 10 million	2003. 1. 16 Jan. 16. 2003	沈阳造币厂 Shenyang Mint

贺岁羊是生肖贺岁系列的首枚普通纪念币，整个生肖贺岁系列币的正面没有国号，取而代之的是中国人民银行，已发行的生肖系列币的背面除有生肖动物图案以外，还通过儿童过年的系列场景展示了中国春节风俗，构成了一幅

"童子贺春"的吉祥画卷。

1 普制币 币的边缘滚字图案是"人民币"汉语拼音的缩写"RMB"及一个星，共3组。所有十二枚一元贺岁系列普制币的币边都相同。参考价150元。

J58a

2 精制币 精美度5级，币的边缘滚字图案是"人民币"汉语拼音的缩写"RMB"及一颗星，共3组，其中有一颗星被"精"字汉语拼音的第一个字母"J"代替，这是精制币和普制币的一个重要区别。所有十二枚一元贺岁系列精制币的币边都相同。

J58b

发现两种包装。

(1) 纸卡装。装帧编号2003-1-5-5，证书有编号，装帧2万套。10枚/包和15枚/包两种，200枚/箱。生肖是中国人喜爱的题材，精制羊是首枚，市场关注度颇高，参考价900元。

(2) 礼品装。纸外套，木制内盒，附中国人民银行证书，无编号。

③ **样币**　参考价40 000元。

J58c

四十二、中国宝岛台湾——朝天宫、赤嵌楼(朝天宫、赤嵌楼) *Chaotian Temple Taiwan and Chikan Temple Taiwan (Chaotian Temple and Chikan Temple)*

材质 *Metal*	重量 *Weight (g)*	直径 *Diameter (mm)*	面值 *Face Value*	发行量 *Mintage*	发行时间 *Release Time*	制造厂家 *Mint*
黄铜合金 Brass	12.8	30	5+5	1 000万 10 million	2003. 9. 30 Sept. 30. 2003	沈阳造币厂 Shenyang Mint

1 普制币 参考价34元。

J59a

J60a

2 精制币 精美度4级。所见有两种包装。

J59b

J60b

(1) 纸卡装。“朝天宫”装帧编号2003-3-2-2，“赤嵌楼”装帧编号2003-4-

2-2，证书有编号，装帧量2万套，10枚/包，200枚/箱。参考价800元/套。

（2）礼品装。附中国人民银行证书，无编号，装帧量4 000枚，是目前发现的唯一标明装帧量的礼品装，纸外盒写“精制”，稀少。

3 样币 参考价50 000元/套。

J59c J60c

四十三、 世界文化遗产——曲阜孔庙孔林孔府、明清故宫(三孔、故宫) *Confucius Temple and Imperial Palace (Confucius Temple and Imperial Palace)*

材质 *Metal*	重量 *Weight (g)*	直径 *Diameter (mm)*	面值 *Face Value*	发行量 *Mintage*	发行时间 *Release Time*	制造厂家 *Mint*
黄铜合金 Brass	12.8	30	5+5	800万 8 million	2003. 11. 18 Nov. 18. 2003	沈阳造币厂 Shenyang Mint

1 普制币　参考价36元/套。

J61a

J62a

② **精制币** 精美度4级。所见有两种包装。

J61b

J62b

(1) 纸卡装。明清故宫装帧编号2003-5-3-2，曲阜孔庙孔林孔府装帧编号2003-6-3-2，证书有编号，装帧量2万套，10枚/包，200枚/箱，参考价900元/套。

(2) 礼品装。附中国人民银行证书，无编号。

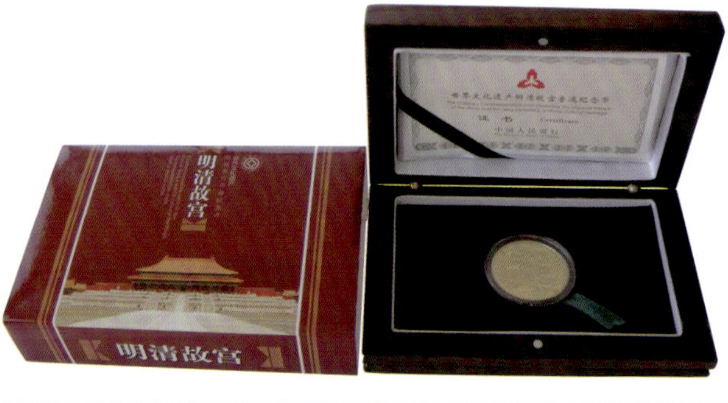

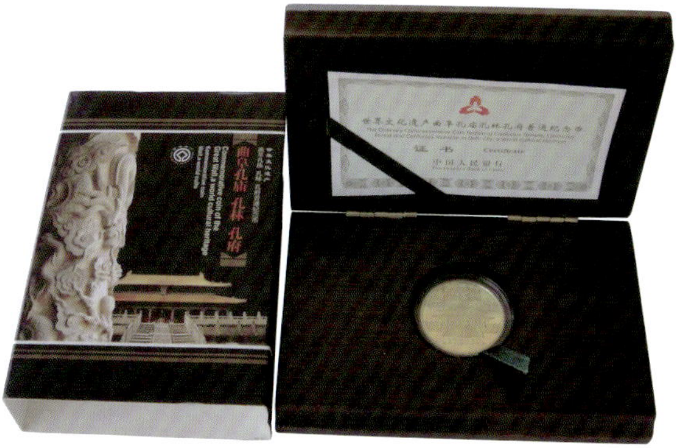

3 样币 参考价50 000元/套。

J61c

J62c

四十四、2004年贺岁猴（猴） *2004 Year of the Monkey (Monkey)*

材质 Metal	重量 Weight (g)	直径 Diameter (mm)	面值 Face Value	发行量 Mintage	发行时间 Release Time	制造厂家 Mint
黄铜合金 Brass	6.75	25	1	1 000万 10 million	2004. 1. 6 Jan. 6. 2004	沈阳造币厂 Shenyang Mint

① **普制币** 参考价60元。

J63a

② **精制币** 精美度5级，币边有“J”。

J63b

所见有两种包装。

(1) 纸卡装。装帧量2万枚，装帧编号2004-1-2-2，证书有编号，10枚/包，200枚/箱，参考价850元。

(2) 礼品装。纸外套，木制内盒，附中国人民银行证书，无编号。

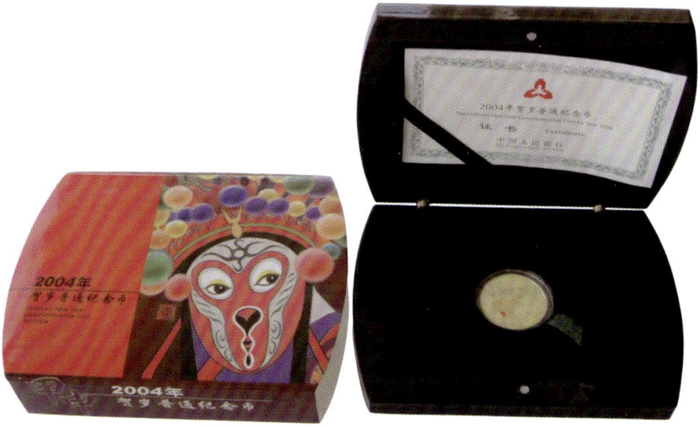

3 样币 参考价34 000元。

J63c

四十五、中国宝岛台湾——鹅銮鼻、日月潭（鹅銮鼻、日月潭） *Eluanbi Lighthouse and Sun-moon Lake (Lighthouse and Sun-moon Lake)*

材质 Metal	重量 Weight (g)	直径 Diameter (mm)	面值 Face Value	发行量 Mintage	发行时间 Release Time	制造厂家 Mint
黄铜合金 Brass	12.8	30	5+5	1 000万 10 million	2004. 5. 10 May. 10. 2004	沈阳造币厂 Shenyang Mint

1 普制币 参考价28元/套。

J64a　J65a

2 精制币 纸卡装，“鹅銮鼻”装帧编号2004-3-2-2，“日月潭”装帧编号2004-4-2-2，证书有编号，装帧量2万枚，10枚/包，200枚/箱，精美度4级，参考价700元/套。

J64b

J65b

❸ **样币**　参考价54 000元/套。

J64c

J65c

四十六、 邓小平诞辰100周年（邓小平） *100th Anniversary of Deng Xiaoping (Deng Xiaoping)*

材质 *Metal*	重量 *Weight* (g)	直径 *Diameter* (mm)	面值 *Face Value*	发行量 *Mintage*	发行时间 *Release Time*	制造厂家 *Mint*
钢芯镀镍 Nickel-bonded steel	6.05	25	1	1 000万 10 million	2004. 8. 22 Aug. 22. 2004	上海造币厂 Shanghai Mint

❶ **普制币**　币的边缘滚字图案是“人民币”汉语拼音的缩写“RMB”及

J66a

一颗星，共3组。此后发行的钢芯镀镍币“人大”、“陈云”和“世博”的币边也如此。参考价30元。

2 精制币 币的边缘滚字图案是“人民币”汉语拼音的缩写“RMB”及一颗星，共3组，其中有一颗星被“精”字汉语拼音的第一个字母“J”代替。此后发行的钢芯镀镍币“人大”、“陈云”和“世博”的币边也如此。精美度5级，所见有两种包装。

J66b

（1）纸卡装。装帧编号2004-5-2-2，证书有编号，装帧量2万枚，10枚/包，100枚/箱、200枚/箱和240枚/箱共3种，参考价650元。

（2）礼品装。纸外套，木制内盒。从不同角度看木盒上的小平像，会产生不同的视觉效果，有的角度能看到惟妙惟肖的小平神态，包装的设计制作堪称一绝。附中英文证书，无编号，稀少。

3 样币 参考价58 000元。

J66c

四十七、人民代表大会成立五十周年（人大） *50th Anniversary of National People's Congress (NPC 50th Ann.)*

材质 *Metal*	重量 *Weight* (g)	直径 *Diameter* (mm)	面值 *Face Value*	发行量 *Mintage*	发行时间 *Release Time*	制造厂家 *Mint*
钢芯镀镍 Nickel-bonded steel	6.05	25	1	1 000万 10 million	2004. 9. 9 Sept. 9. 2004	上海造币厂 Shanghai Mint

1 普制币 参考价19元。

J67a

❷ 精制币 精美度5级，币边有“J”。

J67b

发现两种包装。

（1）纸卡装。装帧编号2004-6-2-2，证书有编号，装帧量2万套。10枚/包，200枚/箱，参考价400元。

（2）礼品装。纸外套，木制内盒，附中英文证书，无编号，稀少。

❸ 样币 参考价45 000元。

J67c

四十八、世界文化遗产——苏州古典园林、周口店“北京人”遗址（苏州园林、北京人） *Suzhou Gardens and Peking Man (Suzhou Gardens and Peking Man)*

材质 *Metal*	重量 *Weight* (g)	直径 *Diameter* (mm)	面值 *Face Value*	发行量 *Mintage*	发行时间 *Release Time*	制造厂家 *Mint*
黄铜合金 Brass	12.8	30	5+5	600万 6 million	2004. 11. 8 Nov. 8. 2004	沈阳造币厂 Shenyang Mint

❶ **普制币** 参考价100元/套。

J68a J69a

❷ **精制币** 精美度4级。所见有两种包装。

J68b J69b

(1) 纸卡装。“苏州园林”装帧编号2004-8-3-2，“北京人”装帧编号2004-8-3-3，证书有编号，装帧量2万套，10枚/包，100枚/箱和200枚/箱，参考价720元/套。

(2) 礼品装。附中国人民银行证书，无编号，稀少。

3 样币 参考价57 000元/套。

J68c

J69c

四十九、2005年贺岁鸡（鸡） *2005 Year of the Rooster (Rooster)*

材质 *Metal*	重量 *Weight* (g)	直径 *Diameter* (mm)	面值 *Face Value*	发行量 *Mintage*	发行时间 *Release Time*	制造厂家 *Mint*
黄铜合金 Brass	6.75	25	1	1 000万 10 million	2005. 1. 26 Jan. 26. 2005	沈阳造币厂 Shenyang Mint

1 普制币 参考价52元。

J70a

❷精制币 精美度5级，币边有“J”。所见有两种包装。

（1）纸卡装。装帧编号2005-1-2-2，证书有编号，装帧量2万枚，10枚/包，200枚/箱，参考价550元。

J70b

（2）礼品装。纸外盒，木质内盒，附中国人民银行中英文证书，无编号。

❸ 样币 参考价45 000元。从此至2014年，样币虽有生产，但未下发，因此对于样币收藏来说，此枚样币可作为收官之作。

J70c

五十、世界文化遗产——丽江古城、青城山与都江堰（丽江、青城山与都江堰） *Lijiang Building and Qingcheng Mountain (Lijiang Building and Qingcheng Mountain)*

材质 *Metal*	重量 *Weight* (g)	直径 *Diameter* (mm)	面值 *Face Value*	发行量 *Mintage*	发行时间 *Release Time*	制造厂家 *Mint*
黄铜合金 Brass	12.8	30	5+5	800万 8 million	2005. 5. 12 May. 12. 2005	沈阳造币厂 Shenyang Mint

❶ 普制币 参考价34元/套。

J71a

J72a

❷精制币　精美度4级，所见有两种包装。

（1）纸卡装，“丽江古城”装帧编号2005-3-3-3，“青城山与都江堰”装帧编号2005-3-3-2，批准号“银装准字ZZ200501003”，无证书，装帧量2万套，10枚/包，200枚/箱，参考价720元/套。

J71b

J72b

(2) 礼品装。纸外盒，木质内盒，附中国人民银行证书，无编号。

注：从本套样币开始至2014年，样币生产后，总行未下发。

五十一、陈云诞辰100周年（陈云） *100th Anniversary of Chen Yun (Chen Yun)*

材质 Metal	重量 Weight (g)	直径 Diameter (mm)	面值 Face Value	发行量 Mintage	发行时间 Release Time	制造厂家 Mint
钢芯镀镍 Nickel-bonded steel	6.05	25	1	1 000万 10 million	2005. 6. 13 Jun. 13. 2005	上海造币厂 Shanghai Mint

① 普制币 参考价22元。

J73a

② 精制币 精美度5级。币边有“J”。所见有两种包装。

J73b

(1) 纸卡装。装帧编号2001-4-2-2，装帧编号的第一组数字是年号，“2001”是明显错误，应改为“2005”，在康银阁装帧的精制币中，出现这种错误极为罕见。证书有编号，装帧量2万套。10枚/包，200枚/箱，币边有“J”，参考价550元。

(2) 礼品装。附中国人民银行证书，无编号。

五十二、中国宝岛台湾——敬字亭（敬字亭） *Jingzi Tower Taiwan (Jingzi Tower)*

材质 *Metal*	重量 *Weight (g)*	直径 *Diameter (mm)*	面值 *Face Value*	发行量 *Mintage*	发行时间 *Release Time*	制造厂家 *Mint*
黄铜合金 Brass	12.8	30	5	1 000万 10 million	2005. 10. 28 Oct. 28. 2005	沈阳造币厂 Shenyang Mint

1 普制币 参考价17元。

J74a

2 精制币 精美度4级。所见有两种包装。

(1) 纸卡装。装帧编号2005-5-2-2，批准号“银装准字ZZ200501007”，证书有编号，装帧量2万枚，10枚/包，200枚/箱，参考价650元。

J74b

（2）礼品装。附中国人民银行证书，无编号，稀少。

五十三、2006年贺岁狗（狗） *2006 Year of the Dog (Dog)*

材质 Metal	重量 Weight (g)	直径 Diameter (mm)	面值 Face Value	发行量 Mintage	发行时间 Release Time	制造厂家 Mint
黄铜合金 Brass	6.75	25	1	1 000万 10 million	2006. 1. 6 Jan. 6. 2006	沈阳造币厂 Shenyang Mint

1 普制币 参考价52元。

J75a

❷ 精制币　精美度5级，币边有“J”。所见有两种包装。

（1）纸卡装。装帧编号2006-2-2-2，批准号“银装准字ZZ200601003”，证书有编号，装帧量2万枚，10枚/包，200枚/箱，参考价850元。

J75b

（2）礼品装。纸外盒，木质内盒，附中国人民银行中英文证书，无编号。

五十四、第29届奥林匹克运动会（第一组）（奥运1组） *29th Olympic Games I (Olympic Games I)*

材质 *Metal*	重量 *Weight* (g)	直径 *Diameter* (mm)	面值 *Face Value*	发行量 *Mintage*	发行时间 *Release Time*	制造厂家 *Mint*
黄铜合金 Brass	6.75	25	1+1	1 000万 10 million	2006. 9. 20 Sept. 20. 2006	沈阳造币厂、上海造币厂 Shenyang Mint, Shanghai Mint

游泳币由沈阳造币厂制造，举重币由上海造币厂制造。

1 普制币　参考价50元/套。

J76a

J77a

2 精制币　精美度5级，所见有两种包装。

(1) 八币一钞包装。和第二、第三组一起装帧。

J76b

J77b

(2) 礼品装。纸外盒，木质内盒，附中国人民银行中英文证书，无编号。

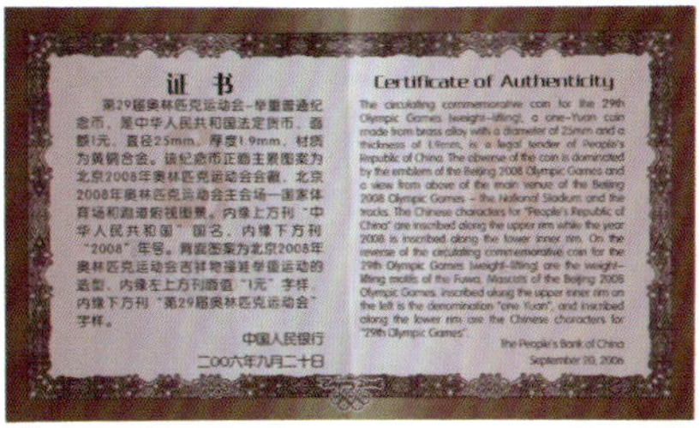

五十五、世界文化遗产——龙门石窟、颐和园（龙门石窟、颐和园） *Longmen Grottoes and Summer Palace (Longmen Grottoes and Summer Palace)*

材质 *Metal*	重量 *Weight* (g)	直径 *Diameter* (mm)	面值 *Face Value*	发行量 *Mintage*	发行时间 *Release Time*	制造厂家 *Mint*
黄铜合金 Brass	12.8	30	5+5	1 000万 10 million	2006. 11. 28 Nov. 28. 2006	沈阳造币厂 Shenyang Mint

① 普制币　参考价34元/套。

J78a

J79a

②精制币 精美度4级，所见有两种包装。

（1）纸卡装，“龙门石窟”装帧编号2006-5-3-3，“颐和园”装帧编号2006-5-3-2，证书有编号，装帧量2万套，10枚/包，200枚/箱，精美度4级，参考价700元/套。

J78b

J79b

（2）礼品装。纸外盒，木质内盒，附中国人民银行证书，无编号。

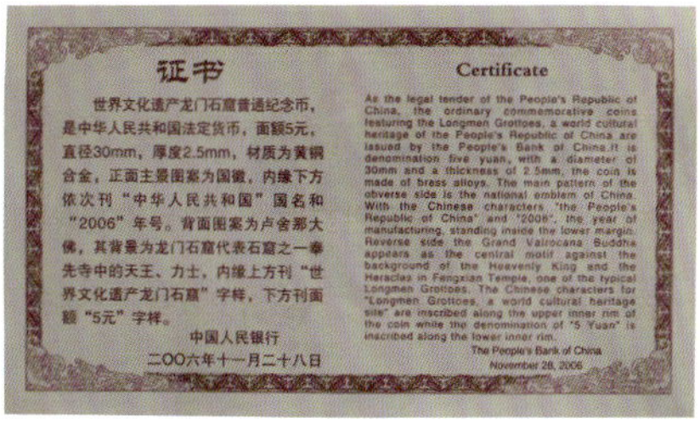

证书

世界文化遗产龙门石窟普通纪念币，是中华人民共和国法定货币，面额5元，直径30mm，厚度2.5mm，材质为黄铜合金，正面主景图案为国徽，内缘下方依次刊“中华人民共和国”国名和“2006”年号。背面图案为卢舍那大佛，其背景为龙门石窟代表石窟之一奉先寺中的天王、力士，内缘上方刊“世界文化遗产龙门石窟”字样，下方刊面额“5元”字样。

中国人民银行

二〇〇六年十一月二十八日

Certificate

As the legal tender of the People's Republic of China, the ordinary commemorative coins featuring the Longmen Grottoes, a world cultural heritage of the People's Republic of China are issued by the People's Bank of China.It is denomination five yuan, with a diameter of 30mm and a thickness of 2.5mm, the coin is made of brass alloys. The main pattern of the obverse side is the national emblem of China. With the Chinese characters "the People's Republic of China" and "2006", the year of manufacturing, standing inside the lower margin. Reverse side the Grand Vairocana Buddha appears as the central motif against the background of the Heavenly King and the Heracles in Fengxian Temple, one of the typical Longmen Grottoes. The Chinese characters for "Longmen Grottoes, a world cultural heritage site" are inscribed along the upper inner rim of the coin while the denomination of "5 Yuan" is inscribed along the lower inner rim.

The People's Bank of China

November 28, 2006

证书

世界文化遗产颐和园普通纪念币，是中华人民共和国法定货币，面额5元，直径30mm，厚度2.5mm，材质为黄铜合金，正面主景图案为国徽，内缘下方依次刊“中华人民共和国”国名和“2006”年号。背面图案为万寿山及佛香阁，其背景为昆明湖和湖上的石舫，内缘上方刊“世界文化遗产颐和园”字样，下方刊面额“5元”字样。

中国人民银行

二〇〇六年十一月二十八日

Certificate

As the legal tender of the People's Republic of China, the ordinary commemorative coins featuring the Summer Palace, a world cultural heritage of the People's Republic of China are issued by the People's Bank of China. It is denomination five yuan, with a diameter of 30mm and a thickness of 2.5mm, the coin is made of brass alloys. The main pattern of the obverse side is the national emblem of China. With the Chinese characters "the People's Republic of China" and "2006", the year of manufacturing, standing inside the lower margin. Reverse side the Wan Shou Hill and Foxiang Pavilion appear as the central motif against the background of the Kunming Lake and the Marble Boat on the lake. The Chinese characters for "Summer Palace, a world cultural heritage site" are inscribed along the upper inner rim of the coin while the denomination of "5 Yuan" is inscribed along the lower inner rim.

The People's Bank of China

November 28, 2006

五十六、2007年贺岁猪（猪） *2007 Year of the Pig (Pig)*

材质 *Metal*	重量 *Weight (g)*	直径 *Diameter (mm)*	面值 *Face Value*	发行量 *Mintage*	发行时间 *Release Time*	制造厂家 *Mint*
黄铜合金 Brass	6.75	25	1	1 000万 10 million	2007. 2. 1 Feb. 1. 2007	沈阳造币厂 Shenyang Mint

1 普制币　参考价52元。

J80a

2 精制币　精美度5级，币边有“J”。所见有两种包装。

（1）纸卡装。装帧编号2007-1-2-2，证书有编号，装帧量2万枚，10枚/包，200枚/箱，参考价520元。

J80b

（2）礼品装。纸外盒，木质内盒，附中国人民银行中英文证书，无编号。

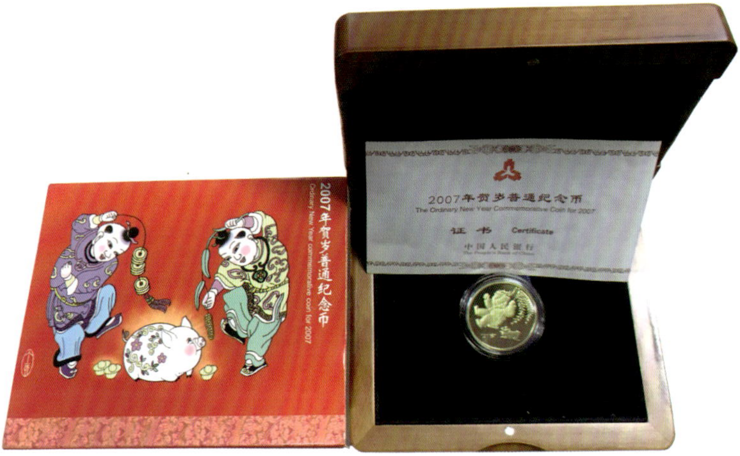

五十七、第29届奥林匹克运动会（第二组）（奥运2组） *29th Olympic Games II (Olympic Games II)*

材质 *Metal*	重量 *Weight (g)*	直径 *Diameter (mm)*	面值 *Face Value*	发行量 *Mintage*	发行时间 *Release Time*	制造厂家 *Mint*
黄铜合金 Brass	6.75	25	1+1+1	1 000万 10 million	2007. 6. 20 Jun. 20. 2007	沈阳造币厂、上海造币厂 Shenyang Mint, Shanghai Mint

体操币和射箭币由沈阳造币厂制造，乒乓球币由上海造币厂制造。

❶普制币　参考价39元/套。

J81a　J82a　J83a

❷精制币　精美度5级，所见有两种包装。

（1）八币一钞包装。和第三组一起装帧。

J81b　J82b　J83b

（2）礼品装。纸外盒，木质内盒，附中国人民银行中英文证书，无编号。

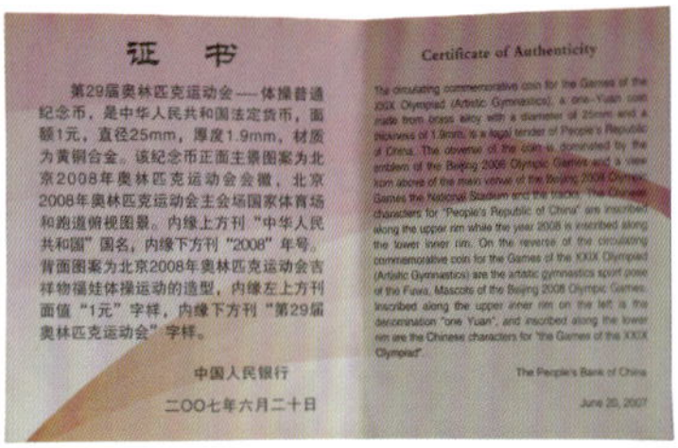

证　书

第29届奥林匹克运动会——体操普通纪念币，是中华人民共和国法定货币，面额1元，直径25mm，厚度1.9mm，材质为黄铜合金。该纪念币正面主景图案为北京2008年奥林匹克运动会会徽，北京2008年奥林匹克运动会主会场国家体育场和跑道俯视图景。内缘上方刊“中华人民共和国”国名，内缘下方刊“2008”年号。背面图案为北京2008年奥林匹克运动会吉祥物福娃体操运动的造型，内缘左上方刊面值“1元”字样，内缘下方刊“第29届奥林匹克运动会”字样。

中国人民银行

二〇〇七年六月二十日

Certificate of Authenticity

The circulating commemorative coin for the Games of the XXIX Olympiad (Artistic Gymnastics), a one-Yuan coin made from brass alloy with a diameter of 25mm and a thickness of 1.9mm, is a legal tender of People's Republic of China. The obverse of the coin is dominated by the emblem of the Beijing 2008 Olympic Games and a view from above of the main venue of the Beijing 2008 Olympic Games the National Stadium and the tracks. The Chinese characters for "People's Republic of China" are inscribed along the upper rim while the year 2008 is inscribed along the lower inner rim. On the reverse of the circulating commemorative coin for the Games of the XXIX Olympiad (Artistic Gymnastics) are the artistic gymnastics sport pose of the Fuwa, Mascots of the Beijing 2008 Olympic Games. Inscribed along the upper inner rim on the left is the denomination "one Yuan", and inscribed along the lower rim are the Chinese characters for "the Games of the XXIX Olympiad".

The People's Bank of China

June 20, 2007

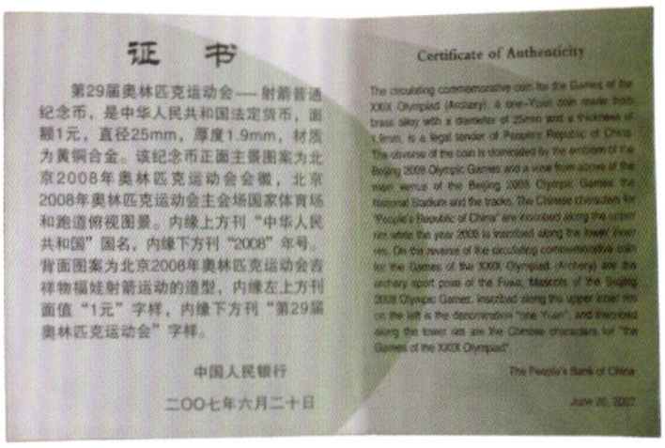

证　书

第29届奥林匹克运动会——射箭普通纪念币，是中华人民共和国法定货币，面额1元，直径25mm，厚度1.9mm，材质为黄铜合金。该纪念币正面主景图案为北京2008年奥林匹克运动会会徽，北京2008年奥林匹克运动会主会场国家体育场和跑道俯视图景。内缘上方刊“中华人民共和国”国名，内缘下方刊“2008”年号。背面图案为北京2008年奥林匹克运动会吉祥物福娃射箭运动的造型，内缘左上方刊面值“1元”字样，内缘下方刊“第29届奥林匹克运动会”字样。

中国人民银行

二〇〇七年六月二十日

Certificate of Authenticity

The circulating commemorative coin for the Games of the XXIX Olympiad (Archery), a one-Yuan coin made from brass alloy with a diameter of 25mm and a thickness of 1.9mm, is a legal tender of People's Republic of China. The obverse of the coin is dominated by the emblem of the Beijing 2008 Olympic Games and a view from above of the main venue of the Beijing 2008 Olympic Games the National Stadium and the tracks. The Chinese characters for "People's Republic of China" are inscribed along the upper rim while the year 2008 is inscribed along the lower inner rim. On the reverse of the circulating commemorative coin for the Games of the XXIX Olympiad (Archery) are the archery sport pose of the Fuwa, Mascots of the Beijing 2008 Olympic Games. Inscribed along the upper inner rim on the left is the denomination "one Yuan", and inscribed along the lower rim are the Chinese characters for "the Games of the XXIX Olympiad".

The People's Bank of China

June 20, 2007

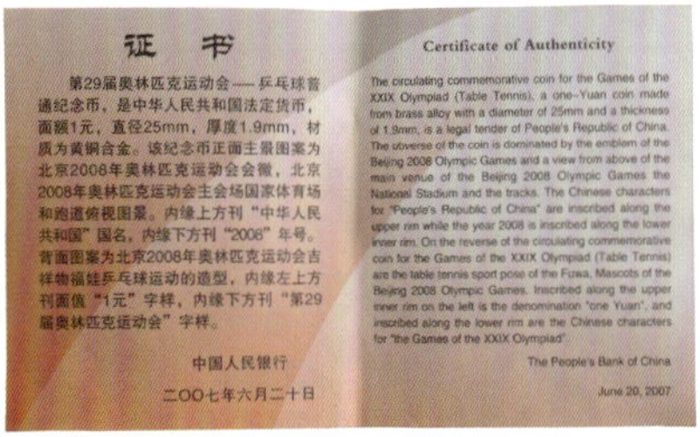

证　书

第29届奥林匹克运动会——乒乓球普通纪念币，是中华人民共和国法定货币，面额1元，直径25mm，厚度1.9mm，材质为黄铜合金。该纪念币正面主景图案为北京2008年奥林匹克运动会会徽，北京2008年奥林匹克运动会主会场国家体育场和跑道俯视图景。内缘上方刊“中华人民共和国”国名，内缘下方刊“2008”年号。背面图案为北京2008年奥林匹克运动会吉祥物福娃乒乓球运动的造型，内缘左上方刊面值“1元”字样，内缘下方刊“第29届奥林匹克运动会”字样。

中国人民银行

二〇〇七年六月二十日

Certificate of Authenticity

The circulating commemorative coin for the Games of the XXIX Olympiad (Table Tennis), a one-Yuan coin made from brass alloy with a diameter of 25mm and a thickness of 1.9mm, is a legal tender of People's Republic of China. The obverse of the coin is dominated by the emblem of the Beijing 2008 Olympic Games and a view from above of the main venue of the Beijing 2008 Olympic Games the National Stadium and the tracks. The Chinese characters for "People's Republic of China" are inscribed along the upper rim while the year 2008 is inscribed along the lower inner rim. On the reverse of the circulating commemorative coin for the Games of the XXIX Olympiad (Table Tennis) are the table tennis sport pose of the Fuwa, Mascots of the Beijing 2008 Olympic Games. Inscribed along the upper inner rim on the left is the denomination "one Yuan", and inscribed along the lower rim are the Chinese characters for "the Games of the XXIX Olympiad".

The People's Bank of China

June 20, 2007

五十八、2008年贺岁鼠（鼠） *2008 Year of the Rat (Rat)*

材质 *Metal*	重量 *Weight (g)*	直径 *Diameter (mm)*	面值 *Face Value*	发行量 *Mintage*	发行时间 *Release Time*	制造厂家 *Mint*
黄铜合金 Brass	6.75	25	1	1 000万 10 million	2008. 1. 16 Jan. 16. 2008	沈阳造币厂 Shenyang Mint

1 普制币　参考价50元。

J84a

❷ 精制币 装帧编号2008-1-2-2，证书有编号，装帧量2万枚，10枚/包，200枚/箱，精美度5级，币边有“J”，参考价490元。

J84b

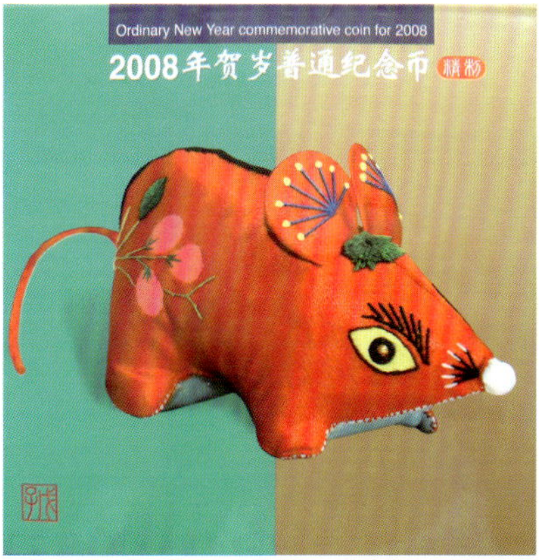

五十九、第29届奥林匹克运动会（第三组）（奥运3组） *29th Olympic Games III (Olympic Games III)*

材质 Metal	重量 Weight (g)	直径 Diameter (mm)	面值 Face Value	发行量 Mintage	发行时间 Release Time	制造厂家 Mint
黄铜合金 Brass	6.75	25	1+1+1	1 000万套 10 million	2008. 6. 18 Jun. 18. 2008	沈阳造币厂、上海造币厂 Shenyang Mint, Shanghai Mint

足球币由沈阳造币厂铸造，击剑币由上海造币厂制造，现代五项币由沈阳造币厂制造。

❶ 普制币 参考价39元/套。

J85a

J86a

J87a

2008年7月8日，中国人民银行发行第29届奥林匹克运动会纪念钞一枚，面值10元，材质为纸钞，发行量600万枚。由于全国各地群众兑换踊跃，造成多地区多网点的秩序混乱，有的网点造成拥挤，严重的还把银行大门挤坏，为中国自1984年纪念币发行以来最为混乱的一次，也是群众对中国人民银行纪念币发行方式不满的一次集中发泄。有的银行网点彻夜排起长队，开门后很快把本网店的配额兑换完毕，但没有换到的群众继续排队不肯离去，引起众多媒体及全社会的普遍关注，因此整体兑换工作被迫中断。

受此影响，原定康银阁发行的精制币连钞推迟发行，奥运双联钞彻底流产。而600万的纪念钞由于没发行完，促使价格暴涨，使得10元面值的奥运钞更显珍贵，无法按照面值继续兑换。参考价3 700元。

JC3

❷ 精制币 精美度5级，其中足球币所见有两种包装。

（1）八币一钞包装。装帧量2万套。

J85b

J86b

J87b

直到2010年4月初，奥运精制币才得以面世，原计划发行的八币一钞，取消了奥运钞，提前做好的华丽的八币一钞包装，不想浪费重做，只好装上八币，中间的钞的位置留着大窟窿，发行方式的失败，暴露无遗，留给后人的是遗憾和反思！参考价650元。

其实早在康银阁奥运精制币发行之前，市场就出现过奥运精制礼品装，当时的价格较高。

（2）礼品装。纸外盒，木质内盒，附中国人民银行中英文证书，无编号。

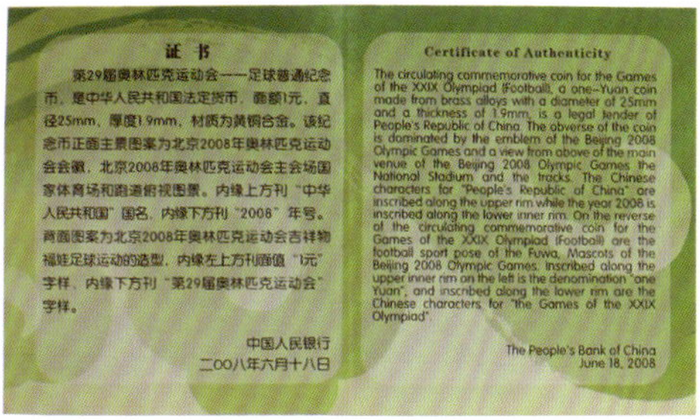

证书

第29届奥林匹克运动会——足球普通纪念币，是中华人民共和国法定货币，面额1元，直径25mm，厚度1.9mm，材质为黄铜合金。该纪念币正面主景图案为北京2008年奥林匹克运动会会徽，北京2008年奥林匹克运动会主会场国家体育场和跑道俯视图景。内缘上方刊“中华人民共和国”国名，内缘下方刊“2008”年号。背面图案为北京2008年奥林匹克运动会吉祥物福娃足球运动的造型，内缘左上方刊面值“1元”字样，内缘下方刊“第29届奥林匹克运动会”字样。

中国人民银行
二OO八年六月十八日

Certificate of Authenticity

The circulating commemorative coin for the Games of the XXIX Olympiad (Football), a one-Yuan coin made from brass alloys with a diameter of 25mm and a thickness of 1.9mm, is a legal tender of People's Republic of China. The obverse of the coin is dominated by the emblem of the Beijing 2008 Olympic Games and a view from above of the main venue of the Beijing 2008 Olympic Games the National Stadium and the tracks. The Chinese characters for "People's Republic of China" are inscribed along the upper rim while the year 2008 is inscribed along the lower inner rim. On the reverse of the circulating commemorative coin for the Games of the XXIX Olympiad (Football) are the football sport pose of the Fuwa, Mascots of the Beijing 2008 Olympic Games. Inscribed along the upper inner rim on the left is the denomination "one Yuan", and inscribed along the lower rim are the Chinese characters for "the Games of the XXIX Olympiad".

The People's Bank of China
June 18, 2008

六十、2009年贺岁牛（牛） *2009 Year of the OX (OX)*

材质 *Metal*	重量 *Weight (g)*	直径 *Diameter (mm)*	面值 *Face Value*	发行量 *Mintage*	发行时间 *Release Time*	制造厂家 *Mint*
黄铜合金 Brass	6.75	25	1	3 000万 30 million	2009. 11. 26 Nov. 26. 2009	沈阳造币厂 Shenyang Mint

❶ **普制币**　参考价15元。

J88a

❷ **精制币**　装帧编号2009-2-2-2，证书有编号，装帧量2万枚，10枚/包，200枚/箱，精美度5级，币边有“J”。2010年1月初面世。参考价550元。

贺岁纪念币有一定的发行规律，贺岁鼠及以前基本都在当年的1月份发行，赶在春节之前发行才能起到贺岁的效果。中国有长辈给孩子压岁钱的习俗，春节期间家长可以用贺岁币给孩子作压岁钱或礼物。但是，2008年奥运钞的发行，引发了纪念币发行的不正常现象，从2009年贺岁牛开始，贺岁纪念币都延迟几个月悄悄地发行，也许是为了不引起大家关注，在发行时尽量避免拥挤状态，减少群众的不满情绪，这种延迟发行的状况一直到2012年贺岁龙。另外，贺岁币的发行量开始分阶段加大。

J88b

六十一、“和”字书法——篆书（第一组）（和一） *“Harmony” Calligraphy I (“Harmony” Calligraphy I)*

材质 *Metal*	重量 *Weight* (g)	直径 *Diameter* (mm)	面值 *Face Value*	发行量 *Mintage*	发行时间 *Release Time*	制造厂家 *Mint*
黄铜合金 Brass	6.75	25	1	1 000万 10 million	2009. 11. 26 Nov. 26. 2009	沈阳造币厂 Shenyang Mint

1 普制币 币边为长短相间斜齿边，参考价65元。

J89a

2 精制币 精美度5级，所见有两种包装。

（1）纸卡装。装帧编号2009-2-2-2，证书有编号，装帧量2万枚，10枚/包，200枚/箱。2010年1月中旬面世。参考价900元。

J89b

（2）礼品装。纸外盒，木质内盒，附中国人民银行中英文证书，无编号。

六十二、环境保护（第一组）（环保一） *Environmental Protection I (Environmental Protection I)*

材质 *Metal*	重量 *Weight* (g)	直径 *Diameter* (mm)	面值 *Face Value*	发行量 *Mintage*	发行时间 *Release Time*	制造厂家 *Mint*
黄铜合金 Brass	6.75	25	1	1 000万 10 million	2009. 11. 26 Nov. 26. 2009	沈阳造币厂 Shenyang Mint

❶ 普制币 币边为长短相间斜齿边，参考价21元。

J90a

❷ 精制币

（1）和第二组一起装帧发行。

J90b

（2）礼品装。纸外盒，木质内盒，附中国人民银行中英文证书，无编号。

六十三、中国2010年上海世博会（世博） *Shanghai World Exposition (Shanghai Expo)*

材质 Metal	重量 Weight (g)	直径 Diameter (mm)	面值 Face Value	发行量 Mintage	发行时间 Release Time	制造厂家 Mint
钢芯镀镍 Nickel-bonded steel	6.05	25	1	6 000万 60 million	2010. 11. 9 Nov. 9. 2010	上海造币厂 Shanghai Mint

1 普制币　币边为长短相间斜齿边，参考价4元。

J91a

2 精制币　装帧编号2010-2-2-2，证书有编号，装帧量2万枚，10枚/包，200枚/箱，精美度5级，2011年1月下旬面世。币边有字母“J”，并有正反两种版式，参考价350元。

J91b

六十四、2010年贺岁虎（虎） *2010 Year of the Tiger (Tiger)*

材质 *Metal*	重量 *Weight* (g)	直径 *Diameter* (mm)	面值 *Face Value*	发行量 *Mintage*	发行时间 *Release Time*	制造厂家 *Mint*
黄铜合金 Brass	6.75	25	1	3 000万 30 million	2010. 11. 9 Nov. 9. 2010	沈阳造币厂 Shenyang Mint

1 普制币　参考价15元。

J92a

2 精制币　装帧编号2010-1-2-2，证书有编号，装帧量2万枚，10枚/包，200枚/箱，精美度5级，币边有“J”，参考价500元。

J92b

六十五、“和”字书法——隶书（第二组）（和二） *“Harmony” Calligraphy II (“Harmony” Calligraphy II)*

材质 Metal	重量 Weight (g)	直径 Diameter (mm)	面值 Face Value	发行量 Mintage	发行时间 Release Time	制造厂家 Mint
黄铜合金 Brass	6.75	25	1	1 000万 10 million	2010. 11. 9 Nov. 9. 2010	沈阳造币厂 Shenyang Mint

1 普制币 币边为长短相间斜齿边，参考价42元。

J93a

2 精制币 精美度5级，所见有两种包装。

（1）纸卡装。装帧编号2010-3-2-2，证书有编号，装帧量2万枚，10枚/包，200枚/箱，参考价410元。

J93b

（2）礼品装。纸外盒，木质内盒，附中国人民银行中英文证书，无编号。

六十六、环境保护（第二组）（环保二） *Environmental Protection II (Environmental Protection II)*

材质 *Metal*	重量 *Weight* (g)	直径 *Diameter* (mm)	面值 *Face Value*	发行量 *Mintage*	发行时间 *Release Time*	制造厂家 *Mint*
黄铜合金 Brass	6.75	25	1	1 000万 10 million	2010. 11. 9 Nov. 9. 2010	沈阳造币厂 Shenyang Mint

❶ **普制币**　币边为长短相间斜齿边，参考价9元。

J94a

❷ **精制币**　和第一组一起装帧，装帧编号2010-4-2-2，证书有编号，装帧量2万套，10套/包，200套/箱，精美度5级，参考价540元。

J94b

六十七、中国共产党成立90周年（建党90周年） *90th Anniversary of the Chinese Communist Party (CCP 90th Ann.)*

材质 *Metal*	重量 *Weight* (g)	直径 *Diameter* (mm)	面值 *Face Value*	发行量 *Mintage*	发行时间 *Release Time*	制造厂家 *Mint*
黄铜合金 Brass	12.8	30	5	6 000万 60 million	2011. 6. 16 Jun. 16. 2011	沈阳造币厂 Shenyang Mint

① **普制币**　币边为直齿边，参考价9元。

J95a

② **精制币**　精美度5级，所见有两种包装。

（1）纸卡装。装帧编号2011-1-2-2，证书有编号，装帧量2万枚，10枚/包，200枚/箱，参考价350元。

J95b

（2）礼品装。纸外盒，木质内盒，附中国人民银行中英文证书，无编号。

证书

中国共产党成立90周年普通纪念币，是中华人民共和国法定货币，面额5元，直径30mm，材质为黄铜合金。该纪念币正面图案为国徽，内缘上方刊“中华人民共和国国名，内缘下方刊“2011”年号。背面主景图案为中国共产党党徽、党旗、牡丹、和平鸽及五角星，党徽上方刊“中国共产党成立90周年”字样，下方刊“1921—2011”字样。内缘左侧刊“5元”字样。

中国人民银行
二〇一一年六月十六日

Certificate

As the legal tender of the People's Republic of China, the ordinary commemorative coin to mark the 90th anniversary of the CPC is issued by the People's Bank of China. It is denomination five yuan, With a diameter of 30 mm, the coin is made of brass alloys. This commemorative coin bears a pattern of China's national emblem on the upper side, the country name of "People's Republic of China" is embossed on the top of the surface,and the minting year "2011" is embossed underneath. The main patterns on the back are CPC's emblem and flag, peony, the Dove of Peace, and five-pointed stars. "90th Anniversary of the founding of the Communist Party of China" and "1921-2011" are engraved above and below CPC's emblem respectively, and "5 Yuan" is embossed on the left side of the surface.

The People's Bank of China
June 16, 2011

六十八、2011年贺岁兔（兔） *2011 Year of the Rabbit (Rabbit)*

材质 Metal	重量 Weight (g)	直径 Diameter (mm)	面值 Face Value	发行量 Mintage	发行时间 Release Time	制造厂家 Mint
黄铜合金 Brass	6.75	25	1	3 000万 30 million	2011. 6. 16 Jun. 16. 2011	沈阳造币厂 Shenyang Mint

①普制币 参考价15元。

J96a

②精制币 装帧编号2012-2-2-2，证书有编号，装帧量2万枚，10枚/包，200枚/箱，精美度5级，币边有“J”。2013年1月面世,晚于2012年精制贺岁龙发行。参考价500元。

J96b

六十九、2012年贺岁龙（龙） *2012 Year of the Dragon (Dragon)*

材质 Metal	重量 Weight (g)	直径 Diameter (mm)	面值 Face Value	发行量 Mintage	发行时间 Release Time	制造厂家 Mint
黄铜合金 Brass	6.75	25	1	8 000万 80 million	2012. 8. 28 Aug. 28. 2012	沈阳造币厂 Shenyang Mint

❶ **普制币** 参考价10元。

J97a

❷ **精制币** 精美度5级，币边有“J”。所见有两种包装。

（1）纸卡装。2012年11月上市，装帧编号2012-1-2-2，证书有编号，装帧量2万枚，10枚/包，200枚/箱，参考价850元。

J97b

（2）礼品装。纸外盒，木质内盒，附中国人民银行中英文证书，无编号。

七十、2013年贺岁蛇（蛇） *2013 Year of the Snake (Snake)*

材质 *Metal*	重量 *Weight* (g)	直径 *Diameter* (mm)	面值 *Face Value*	发行量 *Mintage*	发行时间 *Release Time*	制造厂家 *Mint*
黄铜合金 Brass	6.75	25	1	8 000万 80 million	2013. 1. 9 Jan. 9. 2013	沈阳造币厂 Shenyang Mint

❶ 普制币 参考价6元。

J98a

❷ 精制币 精美度5级，币边有“J”。所见有两种包装。

（1）纸卡装。2013年3月上市，装帧编号2013-1-2-2，证书有编号，装帧量2万枚，10枚/包，200枚/箱，参考价500元。

J98b

（2）礼品装。纸外盒，木质内盒，附中国人民银行中英文证书，无编号。

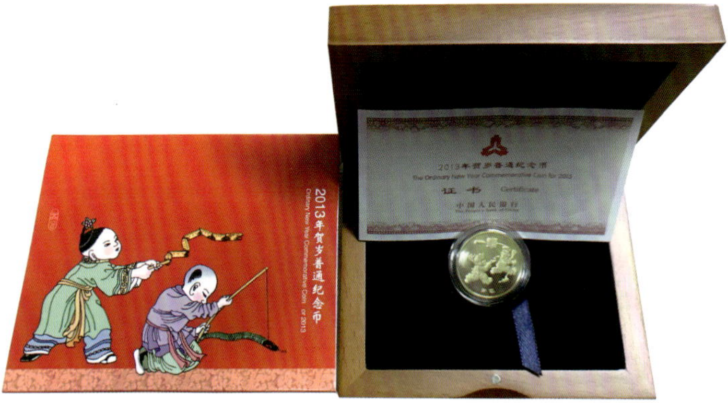

七十一、“和”字书法——行书(第三组)(和三) *“Harmony” Calligraphy III (“Harmony” Calligraphy III)*

材质 *Metal*	重量 *Weight (g)*	直径 *Diameter (mm)*	面值 *Face Value*	发行量 *Mintage*	发行时间 *Release Time*	制造厂家 *Mint*
黄铜合金 Brass	12.8	30	5	5 000万 50 million	2013. 9. 23 Sept. 23. 2013	沈阳造币厂 Shenyang Mint

❶ 普制币 币边为长短相间直齿边，参考价9元。

J99a

❷ 精制币 精美度5级，所见有两种包装。

（1）纸卡装。2013年12月上市，装帧编号2013-2-2-2，证书有编号，装帧量10万枚，精制币装帧开始扩容。10枚/包，200枚/箱，参考价300元。

J99b

（2）礼品装。纸外盒，木质内盒，附中国人民银行中英文证书，无编号。

七十二、2014年贺岁马（马） *2014 Year of the Horse(Horse)*

材质 *Metal*	重量 *Weight (g)*	直径 *Diameter (mm)*	面值 *Face Value*	发行量 *Mintage*	发行时间 *Release Time*	制造厂家 *Mint*
黄铜合金 Brass	6.75	25	1	1亿 100 million	2013. 12. 24 Dec. 24. 2013	沈阳造币厂 Shenyang Mint

1 普制币 参考价6元。

J100a

❷ 精制币 2014年1月上市，装帧编号2013-3-2-2，证书有编号，装帧量18万枚，10枚/包，200枚/箱，精美度5级，币边有“J”，参考价280元。精制马虽为上海造币厂生产，但是使用沈阳造币厂币坯，属于代加工。

J100b

2014年贺岁精制马于2013年底发行，预示着纪念币的发行时间更加注重实效性，是纪念币发行走向规范的一步。(注：从此不再生产纪念币样币)

七十三、“和”字书法——草书(第四组)(和四) *“Harmony” Calligraphy IV (“Harmony” Calligraphy IV)*

材质 *Metal*	重量 *Weight* (g)	直径 *Diameter* (mm)	面值 *Face Value*	发行量 *Mintage*	发行时间 *Release Time*	制造厂家 *Mint*
黄铜合金 Brass	12.8	30	5	7 000万 70 million	2014. 9. 25 Sept. 25. 2014	沈阳造币厂 Shenyang Mint

普制币 币边为长短相间直齿边，参考价7元。

J101a

七十四、2015年贺岁羊（二羊） *2015 Year of the Ram (Goat Bi-Metallic)*

材质 Metal	直径 Diameter (mm)	面值 Face Value	发行量 Mintage	发行时间 Release Time	制造厂家 Mint
铜合金双色镶嵌 Bi-metal copper alloy	27	10	8 000万 80 million	2015. 2. 6 Feb. 6. 2015	沈阳造币厂 Shenyang Mint

普制币 币边为长短相间斜齿边，参考价48元。

J102a

七十五、中国人民抗日战争暨世界反法西斯战争胜利70周年（新抗战） *70th Anniversary of Defeating Fascism & Japan (Defeat of Fascism &Japan 70th Ann.)*

材质 Metal	重量 Weight (g)	直径 Diameter (mm)	面值 Face Value	发行量 Mintage	发行时间 Release Time
钢芯镀镍 Nickel-bonded steel	6.05	25	1	5亿 500 million	2015.10.12 Oct. 12. 2015

普制币，币的边缘滚字图案是“人民币”汉语拼音的缩写“RMB”及一颗星，共3组，参考价2.5元。

J103a

七十六、中国航天（航天）*Aerospace of China (Aerospace)*

材质 Metal	直径 Diameter (mm)	面值 Face Value	发行量 Mintage	发行时间 Release Time
双色铜合金 Bi-metal copper alloy	27	10	1亿 100 million	2015.11.26 Nov. 16. 2015

普制币，币边为长短相间斜齿边，参考价15元。

J104a

中国人民银行同时发行中国航天纪念钞一枚，面值100元，材质纸质，票面长为155毫米，票面宽为77毫米，发行数量为3亿张。参考价101元。

JC4

采取网上预约方式发行，航天纪念币每人兑换限额为3枚，航天纪念钞每人兑换限额为10张。最终航天纪念币预约数量为0.521 8亿枚，航天纪念钞预约数量为1.540 7亿张。

七十七、2016年贺岁猴（二猴）*2016 Year of the Monkey (Monkey Bi-Metallic)*

材质 Metal	直径 Diameter (mm)	面值 Face Value	发行量 Mintage	发行时间 Release Time
双色铜合金 Bi-metal copper alloy	27	10	5亿 500 million	2016.1.16 Jan. 16. 2016

普制币，沈阳生产4.25亿枚，上海生产0.75亿枚。首次在普通纪念币中大规模应用多层次喷砂制作工艺，币边为长短相间斜齿边，参考价10元。

J105a

采取网上预约方式发行，2016年贺岁普通纪念币第一批次预约每人兑换限额为5枚，第二批次预约每人兑换限额为10枚。第一批次预约数量为1.319 7亿枚，第二批次预约数量为2.627 6亿枚。

七十八、孙中山先生诞辰150周年（孙中山）*150th Anniversary of Sun Yat-sen (Sun Yat-sen)*

材质 *Metal*	直径 *Diameter* (mm)	面值 *Face Value*	发行量 *Mintage*	发行时间 *Release Time*
黄铜合金 Brass	30	5	3亿 300 million	2016.11.5 Nov. 5. 2016

普制币，币边为长短相间直齿边，参考价5元。

J106a

采取网上预约方式发行，每人限额10枚，每人现场代领人数不超过5人。预约数量为2.826 5亿枚。

七十九、2017年贺岁鸡（二鸡）*2017 Year of the Rooster (Rooster Bi-Metallic)*

材质 *Metal*	直径 *Diameter* (mm)	面值 *Face Value*	发行量 *Mintage*	发行时间 *Release Time*
双色铜合金 Bi-metal copper alloy	27	10	5亿 500 million	2017.1.4 Jan. 4. 2017

普制币，币边为长短相间斜齿边，参考价10元。

J107a

采取网上预约方式发行，2017年贺岁普通纪念币预约每人兑换限额为40枚，每人现场代领人数不超过5人，意味着每个人最多可以兑换一个原盒。预约兑换期内未兑换的贺岁币预约作废，组织第二次预约。第一批次预约数量为4.822 9亿枚，第二批次预约数量为0.973 8亿枚。由于第一批次未兑换数量进入第二批次预约总量，导致2批次预约数量之和大于总发行量。

八十、中国人民解放军建军90周年（建军）*90th Anniversary of People's Liberation Army of China (PLA 90th Ann.)*

材质 Metal	直径 Diameter (mm)	面值 Face Value	发行量 Mintage	发行时间 Release Time
双色铜合金 Bi-metal copper alloy	27	10	2.5亿 250 million	2017.9.22 Sept. 22. 2017

普制币，币边为长短相间斜齿边，参考价10元。

J108a

采取预约方式分两批发行，每人限额40枚，每人现场代领人数不超过5人，意味着每个人最多可以兑换一个原盒，并且原卷和原盒都用特定的漂亮的有建军纪念币标志的包装纸进行包装，这样增加了大家收藏原卷和原盒的兴趣。第一批次预约数量为0.999 4亿枚，第二批次预约数量为1.397 5亿枚。

八十一、"和"字书法——楷书（第五组）（和五） *"Harmony" Calligraphy V ("Harmony" Calligraphy V)*

材质 Metal	直径 Diameter (mm)	面值 Face Value	发行量 Mintage	发行时间 Release Time
黄铜合金 Brass	30	5	2.5亿 250 million	2017.12.13 Dec. 13. 2017

普制币，币边为长短相间直齿边，参考价5元。

J109a

采取网上预约方式发行，每人限额40枚，每人现场代领人数不超过5人。预约数量为2.376 3亿枚。

八十二、2018年贺岁狗（二狗） *2018 Year of the Dog (Dog Bi-Metallic)*

材质 Metal	直径 Diameter (mm)	面值 Face Value	发行量 Mintage	发行时间 Release Time
双色铜合金 Bi-metal copper alloy	27	10	3.5亿 350 million	2018.2.2 Feb. 2. 2018

普制币，币边为长短相间斜齿边，参考价10元。

J110a

采取网上预约方式分两批发行，每人限额20枚，每人现场代领人数不超过5人。第一批次预约数量为1.492 1亿枚，第二批次预约数量为1.381 8亿枚。

八十三、中国高铁（高铁）*High-Speed Railway of China (High-Speed Railway)*

材质 Metal	直径 Diameter (mm)	面值 Face Value	发行量 Mintage	发行时间 Release Time
双色铜合金 Bi-metal copper alloy	27	10	2亿 200 million	2018.7.6 Jul. 6. 2018

普制币，币边为长短相间斜齿边，参考价10元。

J111a

采取网上预约方式发行，每人限额20枚，每人现场代领人数不超过5人。预约数量为1.615 6亿枚。

八十四、庆祝改革开放40周年（改革开放）*40th Anniversary of "Reform and Opening"*

材质 Metal	直径 Diameter (mm)	面值 Face Value	发行量 Mintage	发行时间 Release Time
双色铜合金 Bi-metal copper alloy	27	10	1.8亿 180 million	2018.11.15 Nov. 15. 2018

普制币，币边为长短相间斜齿边，参考价10元。

J112a

采取网上预约方式分两批发行，每人限额20枚，每人现场代领人数不超过5人。第一批次预约数量为0.964亿枚，第二批次预约数量为0.734 5亿枚。

八十五、2019年贺岁猪（二猪） *2019 Year of the Pig (Pig Bi-Metallic)*

材质 *Metal*	直径 *Diameter* (mm)	面值 *Face Value*	发行量 *Mintage*	发行时间 *Release Time*
双色铜合金 Bi-metal copper alloy	27	10	2.5亿 250 million	2018.12.5 Dec. 5. 2018

普制币，币边为长短相间斜齿边，参考价10元。

J113a

采取网上预约方式发行，每人限额20枚，每人现场代领人数不超过5人。预约数量为2.202 9亿枚。

* * *

2018年11月23日，中国人民银行发行人民币发行70周年纪念钞一枚，面值50元，材质纸质，票面长为150毫米，票面宽为70毫米，发行数量为1.2亿张。参考价80元。

JC5

采取网上预约方式分两批发行，每人限额20张，每人现场代领人数不超过5人。第一批次预约数量为0.798 2亿张，第二批次预约数量为0.366 5亿张。

八十六、中华人民共和国成立70周年（70周年） *70th Anniversary of PRC*

材质 *Metal*	直径 *Diameter* (mm)	面值 *Face Value*	发行量 *Mintage*	发行时间 *Release Time*
双色铜合金 Bi-metal copper alloy	27	10	1.5亿 150 million	2019.9.5 Sep.5.2019

普制币，币边为长短相间斜齿边，参考价11.5元。

J114a

采取网上预约方式分两批发行，每人限额20枚，每人现场代领人数不超过5人。第一批次预约数量为0.6亿枚，第二批次预约数量为0.864亿枚。

中国现代流通硬币编号总表 *The Master Table of Codes for Chinese Modern Circulating Coins*

一、硬币编号规则 *Rules of Coin Coding*

硬币编号采用英文字母+阿拉伯数字的方式，如A1、J2a1。

第一个字母用大写英文字母，表示硬币的种类，A代表第二套人民币硬币，B代表第三套人民币硬币，C代表第四套人民币硬币，D代表第五套人民币硬币1999版，E代表第五套人民币2019版，S代表未发行流通硬币呈样，J代表普通纪念币；JC代表纪念钞，T代表套装流通硬币。

第一个字母后的数字表示硬币的序号，按照发行时间顺序排列，同时发行的硬币，按照中国人民银行网站的顺序排列。如A1代表1955年壹分，J2代表“35周年”纪念币欢庆币。

小写字母表示硬币的版别：a代表普制币；b代表精制币；c代表样币；d代表精制样币，若只有普制币并只有一个版别时就空缺。小写字母后的数字表示硬币的细分版别，无细分版别就空缺。例如J2a1代表中华人民共和国成立三十五周年“欢庆”纪念币上海版。

The coins are coded as “English letter + digit”, for example A1 and J2a1.

The first letter is a capitalized English letter, designating the category of the coin.

A: circulating coins in the second series of RMB;

B: circulating coins in the third series of RMB;

C: circulating coins in the fourth series of RMB;

D: the 1999 year version circulating coins in the fifth series of RMB;

E: the 2019 year version circulating coins in the fifth series of RMB;

S: unissued pattern;

J: circulating commemorative coins;

JC: commemorative banknotes.

T: circulating coin sets.

The digit after the first letter indicates the serial number of the coin, arranged in the order of the release year. Coins released in the same year are ordered by their posting time on the website of the People's Bank of China. For example, "A1" stands for "1 fen, 1955" , and "J2" for "The 35th Republic Anniversary – Dancers."

The lower case letter indicates strikes of the coin.

a: business strike;

b: proof strike;

c: bank specimen;

d: proof bank specimen.

If only business strikes are issued, this lower case letter will be absent.

The digit after the lower case letter indicates the variety of the coin. If no varieties are found for the type, it will be omitted. For example, "J2a1" stands for the Shanghai Mint variety of "The 35th Republic Anniversary – Dancers."

二、流通硬币 *Circulating Coins*

【套装流通硬币】
Circulating Coin Sets

年份	品名	包装	编号
1979	普制套装		T79a
1980	普制套装	黑皮本	T80a1
		蓝皮本	T80a2
	样币套装		T80c
1981	普制套装	红皮本	T81a
	精制套装	白外套蓝色装帧卡	T81b
1982	精制套装		T82b
1983	普制套装		T83a
	精制套装	纸卡装帧	T83b1
		白皮本	T83b2
		红皮本	T83b3
1984	精制套装	沈阳版	T84b1
		上海版	T84b2
		寇波版	T84b3
1985	精制套装		T85b
1986	精制套装		T86b
1991	普制套装		T91a
	精制套装		T91b
	样币套装		T91c
1992	普制套装		T92a
	精制套装		T92b
1993	普制套装		T93a
	精制套装		T93b
1994	普制套装		T94a
	精制套装		T94b
1995	普制套装		T95a
	精制套装		T95b
1996	普制套装		T96a
	精制套装		T96b
1997	普制套装		T97a
	精制套装		T97b
1998	普制套装		T98a
	精制套装		T98b
1999	普制套装		T99a
	精制套装		T99b
2000	普制套装		T00a
	精制套装		T00b

【第二套人民币硬币】

Circulating Coins in the Second Series of RMB

早期硬分币

年份 Year	壹分 Fen	贰分 2 Fen	伍分 5 Fen
1955	A1		A2
1956	A3	A4	A5
1957	A6		A7
1958	A8		
1959	A9	A10	
1960		A11	
1961	A12	A13	
1962		A14	
1963	A15	A16	
1964	A17	A18	
1971	A19		
1972	A20		
1973	A21		
1974	A22	A23	A24
1975	A25	A26	
1976	A27	A28	A29
1977	A30	A31	
1978	A32	A33	

后期硬分币

late cent coins

年号 Year	壹分 Fen	贰分 2 Fen	伍分 5 Fen
1979	A34a1 (No Awn Tip)	A35	A36
	A34a2（套装版 set）(With Awn Tip)		
1980	A37a1 (With Awn Tip)	A38	A39
	A37a2（套装版 set）(No Awn Tip)		

（续表）

年号 Year	壹分 Fen	贰分 2 Fen	伍分 5 Fen
1981	A40a	A41a	A42a
	A40b	A41b	A42b
1982	A43a1（平版）(No Awn Tip)	A44a	A45a
	A43a2（凸版）(With Awn Tip)	A44b	A45b
	A43b		
1983	A46a	A47a1（平版）(No Awn Tip)	A48a
	A46b	A47a2（凸版）(With Awn Tip)	A48b
		A47b	
1984	A49a (With Awn Tip)	A50a (No Awn Tip)	A51a (With Awn Tip)
	A49b1（沈阳版）(Shenyang) (No Awn Tip)	A50b1（沈阳版）(Shenyang) (No Awn Tip)	A51b1（沈阳版）(Shenyang) (No Awn Tip)
	A49b2（上海版）(Shanghai) (With Awn Tip)	A50b2（上海版）(Shanghai) (With Awn Tip)	A51b2（上海版）(Shanghai) (With Awn Tip)
	A49b3（寇波版）(Koubo)	A50b3（寇波版）(Koubo)	A51b3（寇波版）(Koubo)
1985	A52a	A53a	A54a
	A52b	A53b	A54b
1986	A55a	A56a	A57a
	A55b	A56b	A57b
1987	A58	A59	A60
1988		A61	A62
1989		A63	A64
1990		A65	A66
1991	A67a	A68a	A69a
	A67b	A68b	A69b
1992	A70a	A71a	A72a
	A70b	A71b	A72b
1993	A73a	A74a	A75a
	A73b	A74b	A75b
1994	A76a	A77a	A78a
	A76b	A77b	A78b
1995	A79a	A80a	A81a
	A79b	A80b	A81b

(续表)

年号 Year	壹分 Fen	贰分 2 Fen	伍分 5 Fen
1996	A82a	A83a	A84a
	A82b	A83b	A84b
1997	A85a	A86a	A87a
	A85b	A86b	A87b
1998	A88a	A89a	A90a
	A88b	A89b	A90b
1999	A91a	A92a	A93a
	A91b	A92b	A93b
2000	A94a	A95a	A96a
	A94b	A95b	A96b
2005	A97		
2006	A98		
2007	A99		
2008	A100		
2009	A101		
2010	A102		
2011	A103		
2012	A104		
2013	A105		
2015	A106		
2017	A107		

【第三套人民币硬币】
Circulating Coins in the Third Series of RMB

年号 Year	壹圆 Yuan	伍角 5 Jiao	贰角 2 Jiao	壹角 Jiao
1980	B1a1 (无砖版) (No Bricks)	B2a	B3a	B4a
	B1a2 (有砖版) (With Bricks)			
	B1b	B2b	B3b	B4b
	B1c			
1981	B5a	B6a	B7a	B8a
	B5b	B6b	B7b	B8b
1982	B9b	B10b	B11b	B12b

（续表）

年号 Year	壹圆 Yuan	伍角 5 Jiao	贰角 2 Jiao	壹角 Jiao
1983	B13a	B14a	B15a	B16a
	B13b	B14b	B15b	B16b
1984	B17b1(沈阳版) (Shenyang) (Sharp 1)	B18b1(沈阳版) (Shenyang) (Big font)	B19b1(沈阳版) (Shenyang) (Big font)	B20b1(沈阳版) (Shenyang) (Big font)
	B17b2(上海版) (Shanghai) (Gentle 1)	B18b2(上海版) (Shanghai) (Small font)	B19b2(上海版) (Shanghai) (Small font)	B20b2(上海版) (Shanghai) (Small font)
	B17b3(寇波版) (Koubo variety) (Sharp 1, middle)	B18b3(寇波版) (Koubo variety) (Big font, wide wheat)	B19b3(寇波版) (Koubo variety) (Big font, wide wheat)	B20b3(寇波版) (Koubo variety) (Big font, wide wheat)
1985	B21a(上海版) (Shanghai) (Smooth 1)	B22a		B24a
	B21a2(沈阳版) (Shenyang) (Sharp 1)			
	B21b	B22b	B23b	B24b
1986	B25b	B26b	B27b	B28b

【第四套人民币硬币】
Circulating Coins in the Fourth Series of RMB

年份 Year	1元 Yuan	5角 5 Jiao	1角 Jiao
1991	C1a	C2a	C3a
	C1b	C2b	C3b
	C1c	C2c	C3c
1992	C4a	C5a	C6a
	C4b	C5b	C6b
1993	C7a	C8a	C9a
	C7b	C8b	C9b
1994	C10a	C11a	C12a
	C10b	C11b	C12b
1995	C13a	C14a	C15a
	C13b	C14b	C15b
1996	C16a	C17a	C18a
	C16b	C17b	C18b

（续表）

年份 Year	1元 Yuan	5角 5 Jiao	1角 Jiao
1997	C19a	C20a	C21a
	C19b	C20b	C21b
1998	C22a	C23a	C24a
	C22b	C23b	C24b
1999	C25a	C26a	C27a
	C25b	C26b	C27b
2000	C28a	C29a	C30a
	C28b	C29b	C30b
2001		C31	

【第五套人民币硬币 1999 版】
The 1999 Year Version Circulating Coins in the Fifth Series of RMB

年份 Year	1元 Yuan	5角 5 Jiao	1角 Jiao
1999	D1a		D2a
	D1c		D2c
2000	D3		D4
2001	D5		D6
2002	D7	D8a	D9
		D8c	
2003	D10	D11	D12
2004	D13	D14	
2005	D15	D16	D17
2006	D18	D19	D20
2007	D21	D22	D23
2008	D24	D25	D26
2009	D27	D28	D29
2010	D30	D31	D32
2011	D33	D34	D35
2012	D36	D37	D38
2013	D39	D40	D41

（续表）

年份 Year	1元 Yuan	5角 5 Jiao	1角 Jiao
2014	D42	D43	D44
2015	D45	D46	D47
2016	D48	D49	D50
2017	D51	D52	D53
2018	D54	D55	D56

【第五套人民币硬币 2019 版】
The 2019 Year Version Circulating Coins in the Fifth Series of RMB

年份 Year	1元 Yuan	5角 5 Jiao	1角 Jiao
2019	E1	E2	E3

【未发行硬币呈样】
Unissued Pattern

品名	1分	2分	5分
1969年革命圣地币	S1	S2	S3
1975年工农学币	S4	S5	S6
1975年农作物币	S7	S8	S9
1969年革命圣地币第二种	S10	S11	S12
1975年工农学币第二种	S13	S14	S15

【毛泽东像铝铜硬币试样】
Mao Zedong copper and aluminum cent Pattern

品名	铝币	铜币
1分韶山红太阳	S19c1	S19c2
5分韶山	S20c1	S20c2
5分南湖船有胸	S21c1	S21c2
5分南湖船无胸	S22c1	S22c2
5分遵义会址	S23c1	S23c2
5分延安	S24c1	S24c2
5分天安门	S25c1	S25c2
5分大会堂	S26c1	S26c2

【毛泽东像白黄硬币试样】
Mao Zedong white and yellow cent Pattern

品名	白币	黄币
1分东方轮	S27c1	S27c2
1分遵义会址	S28c1	S28c2
2分宝塔山	S29c1	S29c2
5分天安门	S30c1	S30c2

【红太阳白黄硬币试样】
Red sun white and yellow cent Pattern

品名	白币	黄币
1分东方轮	S31c1	S31c2
1分天安门	S32c1	S32c2
2分宝塔山	S33c1	S33c2
5分天安门	S34c1	S34c2

【1970 年革命圣地硬币试样】
Place of the revolution cent Pattern

品名	1分	2分	5分
1970年革命圣地币	S35	S36	S37

三、早期普通纪念币 *Early Circulating Commemorative Coins*

年份 *Year*	品种 *Type*	细分 *Sub-Type*	编号 *Code*	描述 *Variety*
1984	三十五周年 PRC 35th Ann.	开国大典 Speech	J1a1	上海版 Shanghai （Short cloud）
			J1a2	沈阳版 Shenyang （Long cloud）
			J1b1	上海版 Shanghai （Short cloud）
			J1b2	沈阳版 Shenyang （Long cloud）
		民族大团结 Dancers	J2a1	上海版 Shanghai （Rounded edge）
			J2a2	沈阳版 Shenyang （Straight edge）
			J2b1	上海版 Shanghai （Rounded edge）
			J2b2	沈阳版 Shenyang （Straight edge）

（续表）

年份 Year	品种 Type	细分 Sub-Type	编号 Code	描述 Variety
1984	三十五周年 PRC 35th Ann.	祖国万岁 Cranes	J3a1	上海版 Shanghai （Rounded edge）
			J3a2	沈阳版 Shenyang （Straight edge）
			J3b1	上海版 Shanghai （Rounded edge）
			J3b2	沈阳版 Shenyang （Straight edge）
1985	老西藏 Tibetan Autonomy 20th Ann.		J4a1	
			J4a2	直角普制老西藏 Straight Edge
			J4b1	
			J4b2	礼品装 Gift packaging
			J4c	
	新疆 Xinjiang		J5a	
			J5b1	肥羊版 Fat Sheep
			J5b2	瘦羊版 Thin Sheep
			J5c	
1986	和平年 Year of Peace		J6a	
			J6b1	肥鸽版 Fat Dove
			J6b2	瘦鸽版 Thin Dove
			J6b3	薄喷砂版 Light frosting
			J6c	
1987	内蒙古 Inner Mongolia		J7a	
			J7b	
			J7c	
	六运会 6th National Games	体操 Gymnast	J8	
		排球 Volleyball	J9	
		足球 Football	J10	

（续表）

年份 Year	品种 Type	细分 Sub-Type	编号 Code	描述 Variety
1988	宁夏 Ningxia		J11a	
			J11c	
	广西 Guangxi		J12a	
			J12c	
	建行 People's Bank		J13a	
			J13b	
			J13c	
1989	大40 PRC 40th Ann.		J14a	
			J14b	
			J14c	
1990	亚运会 Asian Games	舞剑 Sword Dancer	J15a	
			J15b	
			J15c	
	亚运会 Asian Games	射箭 Archer	J16a	
			J16b	
			J16c	
1991	植树节 Chinese Arbor Day	治理山河、保护生态 Earth	J17a	
			J17b	
			J17c	
		绿化祖国、造福人类 Woman	J18a	
			J18b	
			J18c	
		全民动员，义务植树 Seedling	J19a	
			J19b	
			J19c	
	建党 CCP 70th Ann.	一大会址 First Congress of CCP	J20a	
			J20c	
			J20d	
		遵义会议会址 Zunyi Conference	J21a	
			J21c	
			J21d	

（续表）

年份 Year	品种 Type	细分 Sub-Type	编号 Code	描述 Variety
1991	建党 CCP 70th Ann.	人民大会堂 Great Hall of the People	J22a	
			J22c	
			J22d	
	女足 Women's World Cup	踢球 Kicker	J23a	
			J23c	
			J23d	
		扑球 Goalie	J24a	
			J24c	
			J24d	
1992	宪法 Constitution		J25a	
			J25b	
			J25b2	无喷砂 No frosting
			J25c	
			J25d	
1993	宋庆龄 Song Qingling		J26a	
			J26b	
			J26b2	无喷砂 No frosting
			J26c	
			J26d	
	大熊猫 Panda		J27a	
			J27b1	半精制 PL
			J27b2	精制 PF
			J27c	
			J27d	
	毛泽东 Mao Zedong		J28a	
			J28b	
			J28c	
			J28d	
1994	希望工程 Project Hope		J29a	
			J29b	
			J29c	

（续表）

年份 Year	品种 Type	细分 Sub-Type	编号 Code	描述 Variety
1995	世乒赛 Table Tennis		J30a	
			J30b	
			J30c	
	抗战 Defeat of Fascism & Japan		J31a	
			J31b	
			J31c	
	世妇会 Women's Conference		J32a	
			J32b	
			J32c	
	联合国 United Nations		J33a	
			J33b	
			J33c	
	金丝猴 Golden Monkey		J34a	
			J34b1	
			J34b2	礼品装 Gift packaging
			J34c	

四、后期普通纪念币 *Late Circulating Commemorative Coins*

年份 Year	品种 Type	细分 Sub-Type	编号 Code	描述 Variety
1996	朱德 Zhu De		J35a	
			J35b	
			J35c	
	白鳍豚 Baiji Dolphin		J36a	
			J36b1	
			J36b2	礼品装 Gift packaging
			J36d	
	华南虎 Tiger		J37a	
			J37b1	
			J37b2	礼品装 Gift packaging
			J37b3	缺石虎 Tiger Incomplete Rock
			J37d	

（续表）

年份 Year	品种 Type	细分 Sub-Type	编号 Code	描述 Variety
1997	香港回归 Hong Kong	基本法 Hong Kong Constitution	J38a	
			J38b	
			J38c	
		香港风景 Hong Kong City View	J39a	
			J39b	
			J39c	
1998	周恩来 Zhou Enlai		J40a	
			J40b	
			J40c	
	朱鹮 Crested Ibis		J41a	
			J41b1	
			J41b2	礼品装 Gift packaging
			J41c	
	丹顶鹤 Red-Crowned Crane		J42a	
			J42b1	
			J42b2	礼品装 Gift packaging
			J42c	
	褐马鸡 Brown-Eared Pheasant		J43a	
			J43b1	
			J43b2	礼品装 Gift packaging
			J43c	
	扬子鳄 Alligator		J44a	
			J44b1	
			J44b2	礼品装 Gift packaging
			J44c	
	刘少奇 Liu Shaoqi		J45a	
			J45b	
			J45c	
1999	中华鲟 Sturgeon		J46a	
			J46b1	
			J46b2	礼品装 Gift packaging
			J46d	

（续表）

年份 Year	品种 Type	细分 Sub-Type	编号 Code	描述 Variety
1999	金斑喙凤蝶 Butterfly		J47a	
			J47b1	
			J47b2	礼品装 Gift packaging
			J47d	
	政协 CPPCC 50th Ann.		J48a	
			J48b	
			J48c	
	50周年 PRC 50th Ann.		J49a	
			J49b	
			J49d	
	澳门回归 Macao	基本法文本 Macao Constitution	J50a	
			J50b	
			J50d	
		妈祖阁和帆船 Macao Modern Harbor	J51a	
			J51b	
			J51d	
2000	敦煌 Dunhuang Caves		J52a	
			J52b	
			J52c	
	新世纪 Millennium		J53a	
			J53b	
			J53d	
2001	新西藏 Tibetan Autonomy 50th Ann.		J54a	
			J54b	
			J54c	
	辛亥革命 1911Revolution		J55a	
			J55b	
			J55c	
2002	长城 The Great Wall		J56a	
			J56b	
			J56c	
	兵马俑 Terra Cotta Army		J57a	
			J57b	
			J57c	

（续表）

年份 Year	品种 Type	细分 Sub-Type	编号 Code	描述 Variety
2003	羊 Ram		J58a	
			J58b	
			J58c	
	朝天宫 Chaotian Temple		J59a	
			J59b	
			J59c	
	赤嵌楼 Chikan Temple		J60a	
			J60b	
			J60c	
	三孔 Confucius Temple		J61a	
			J61b	
			J61c	
	故宫 Imperial Palace		J62a	
			J62b	
			J62c	
2004	猴 Monkey		J63a	
			J63b	
			J63c	
	鹅銮鼻 Eluanbi Lighthouse		J64a	
			J64b	
			J64c	
	日月潭 Sun-moor Lake		J65a	
			J65b	
			J65c	
	邓小平 Deng Xiaoping		J66a	
			J66b	
			J66c	
	人大 NPC 50th Ann.		J67a	
			J67b	
			J67c	
	苏州园林 Suzhou Gardens		J68a	
			J68b	
			J68c	

（续表）

年份 Year	品种 Type	细分 Sub-Type	编号 Code	描述 Variety
2004	北京人 Peking Man		J69a	
			J69b	
			J69c	
2005	鸡 Rooster		J70a	
			J70b	
			J70c	
	丽江 Lijiang Building		J71a	
			J71b	
	青城山与都江堰 Qingcheng Mountain		J72a	
			J72b	
	陈云 Chen Yun		J73a	
			J73b	
	敬字亭 Jingzi Tower		J74a	
			J74b	
2006	狗 Dog		J75a	
			J75b	
	奥运1组 Olympic Games I	举重 Weightlifting	J76a	
			J76b	
		游泳 Swimming	J77a	
			J77b	
	龙门石窟 Longmen Grottoes		J78a	
			J78b	
	颐和园 Summer Palace		J79a	
			J79b	
2007	猪 Pig		J80a	
			J80b	
	奥运2组 Olympic Games II	体操 Gymnastics	J81a	
			J81b	
		射箭 Archery	J82a	
			J82b	
		乒乓球 Table Tennis	J83a	
			J83b	

（续表）

年份 Year	品种 Type	细分 Sub-Type	编号 Code	描述 Variety
2008	鼠 Rat		J84a	
			J84b	
	奥运3组 Olympic Games III	足球 Football	J85a	
			J85b	
		击剑 Fencing	J86a	
			J86b	
		现代五项 Pentathlon	J87a	
			J87b	
2009	牛 OX		J88a	
			J88b	
	和一 "Harmony" Calligraphy I		J89a	
			J89b	
	环保一 Environmental Protection I		J90a	
			J90b	
2010	世博 Shanghai Expo		J91a	
			J91b	
	虎 Tiger		J92a	
			J92b	
	和二 "Harmony" Calligraphy II		J93a	
			J93b	
	环保二 Environmental Protection II		J94a	
			J94b	
2011	建党90周年 CCP 90th Ann.		J95a	
			J95b	
	兔 Rabbit		J96a	
			J96b	
2012	龙 Dragon		J97a	
			J97b	
2013	蛇 Snake		J98a	
			J98b	

（续表）

年份 Year	品种 Type	细分 Sub-Type	编号 Code	描述 Variety
2013	和三 "Harmony" Calligraphy III		J99a	
			J99b	
2014	马 Horse		J100a	
			J100b	
	和四 "Harmony" Calligraphy IV		J101a	
2015	二羊 Goat Bi-Metallic		J102a	
	抗战 Defeat of Fascism & Japan 70th Ann.		J103a	
	航天 Aerospace		J104a	
2016	二猴 Monkey Bi-Metallic		J105a	
	孙中山 Sun Yat-sen		J106a	
2017	二鸡 Rooster Bi-Metallic		J107a	
	建军 PLA 90th Ann.		J108a	
	和五 "Harmony" Calligraphy V		J109a	
2018	二狗 Dog Bi-Metallic		J110a	
	高铁 High-Speed Railway		J111a	
	改革开放 Reform and Opening 40th Ann.		J112a	
2019	二猪 Pig Bi-Metallic		J113a	
	70周年 PRC 70th Ann.		J114a	

附：纪念钞 *Commemorative Banknotes*

年份	品种	编号
1999	50周年钞	JC1
2000	龙钞	JC2
2008	奥运钞	JC3
2015	航天钞	JC4
2018	70钞	JC5

中国现代流通硬币珍品汇总

中国现代流通硬币八大珍：

1. 中华人民共和国成立四十周年精制普通纪念币
2. 1986年精制长城套币
3. 中国共产党成立七十周年精制样币
4. 第一届世界女子足球锦标赛精制样币
5. 内蒙古自治区成立四十周年精制普通纪念币
6. 毛泽东诞辰100 周年精制样币
7. 中国珍稀野生动物——大熊猫精制样币
8. 中华人民共和国宪法颁布十周年精制样币

中国现代流通硬币八小珍：

1. 中国抗日战争和世界反法西斯战争胜利五十周年精制普通纪念币
2. 联合国第四次世界妇女大会精制普通纪念币
3. 联合国成立五十周年精制普通纪念币
4. 宋庆龄诞辰100 周年精制样币
5. 中华人民共和国成立三十五周年精制普通纪念币上海版
6. 1984年精制长城套币寇波版
7. 老西藏精制普通纪念币高精礼品币
8. 新世纪精制样币